せるための

ユング心理学入門

Carl Gustav Jung
Analytical Psychology

臨床心理士・公認心理師
ユング派分析家
山根久美子

日本実業出版社

prologue　自分らしく生き抜くためのユング心理学

◉この30年、「安心を失う物語」を紡いできた日本の人々

いつの頃からだろうか。お会いしているクライエントさんたちや教えている学生さんたちから、こうしたことをよく耳にするようになった。

「暗い気持ちやしんどい気持ちになる〝重い話〟を見たり聞いたりしたくない」

ドラマやマンガ、アニメなども「登場人物がみんな優しくていい人」だったり、わかりやすい勧善懲悪や予定調和で流し見ができる〝軽い話〟が増えたように感じる。

それは、私たちの周りがあまりに〝重い話〟であふれているからなのかもしれない。〝重い話〟は人を不安にさせる。だから、暗い気持ちになる話からはなるべく距離を取って、**せめて自分のコントロールできる範囲は軽く保っておきたい**ということの表れなのかもしれない。

第二次世界大戦後、１９６０年代から１９７０年代の高度経済成長期、１９８０年代

後半から1990年代初頭のバブル景気とその崩壊を経て、日本は「失われた30年」ともいわれる時代が続いている。就職氷河期、東日本大震災、福島原発事故、毎年のように起きる自然災害――、日本ではこの30年間、〝重い話〟ばかり紡がれてきた。

「明日は今日よりもよくなる」という無邪気な成長物語を信じられる人は、今やほとんどいないのではないだろうか。

高度経済成長やバブル経済の高揚がもたらしたのが「安心を得る物語」だったとするなら、この30年、日本の人々が生きてきたのは「安心を失う物語」だったのではないかと思う。

日本だけでなく、9・11、リーマンショック、テロの活発化、社会の分断と対立など、世界中で混迷が深まっている。さらに、新型コロナウィルスやその変異ウィルスの感染拡大により、世界経済全体が低迷し、移動や集会が制限され、リモートワークという働き方の選択肢ができるなど、社会や経済が大きく変わろうとしている。

そうした中で、2022年2月には、日本とも国境を接しているロシアがウクライナに侵攻し、世界的なエネルギー資源の不安と物価高が起こっている。ロシアや中国のような権威主義的な国家と、アメリカをはじめとする西側諸国との対立はより鮮明な形となり、このような世界情勢を受けて北朝鮮は相次いで弾道ミサイルを日本海に向けて撃ってくるようになった。台湾情勢をめぐって緊張も高まっている。

夏には、日本の政界で権勢を誇った元首相が遊説中に銃撃され、亡くなる事件が起こった。そのことで、特殊な歴史観を持つ宗教が日本の権力中枢に知らぬ間に深く根を下ろし、癒着といってもよい状態となっていることが明るみに出た。

秋に入ったら、円安が進んで1ドル150円に到達し、世界経済の先行きは見通せず、景気は今後世界的に後退しそうな気配が漂っている。最近では、たいした議論や国民への説明もなしに、戦後日本の防衛政策が転換された。

日本だけでなく、あっちもこっちも非常事態。でも、非常事態なのは、何も世界だけではない。**非常事態なのは、私たちの足もとの生活もである。**

給料は上がらない一方、物価が上がって生活は大変になり、平均寿命が延びて「人生100年時代」といわれているのに、少子高齢化で年金給付額も増加の見込みは薄そうなうえ、2019年には金融庁が「老後は資金が2000万円不足するから、その分は自分でなんとかしろ」といわんばかりの試算を発表する始末である。

人生にはさまざまなライフイベントがあるけれど、住宅や教育にもお金がかかるうえ、老後の資金もケガや病気に備えた資金も必要である。政府は、「投資して資産形成しろ」と言うが、そんなリスクを背負うことで本当に補うことができるのだろうか。

2022年秋に放送され、話題になった原田ひ香さん原作のNHKのドラマ『一橋桐子の犯罪日記』では、松坂慶子さん演じるお金も身寄りもない76歳の一橋桐子が余生を刑務所で過ごすため、何とか犯罪を犯して捕まろうと「ムショ活」に励む姿が描かれた。そんな桐子の姿が**「身につまされる」**と多くの反響があったという。

今の時代、「住むところと食べることに困ることなく天寿を全うする」という、ごく当たり前の願いさえも叶えることが難しい贅沢になっているのかもしれない。安心して生きる――、それが本当に難しく、私たちはますます生きづらくなっているようだ。

◉「自由」という牢獄

この不安は社会や経済の混迷によるものだけではなく、私たちが**自由を求め、価値観を変化させてきた対価**でもあると思う。これをよく示しているのが、児童文学の名作『モモ』『はてしない物語』で有名なミヒャエル・エンデの「自由の牢獄」という短い物語である。

この物語の中では、ある男が扉の無数にある建物の中に閉じ込められる。姿なき声に「自分の運命を選べ」、「扉はひとつしか選べない」、「おまえがどの扉にするのか決めろ」と言われ、彼は無数にある扉の一つを開けて脱出しようとする。

しかし、選んだ扉が外に通じているのかわからず、扉の向こうに何があるかもわからないので、怖くなって扉を選ぶことができない。

「この扉の向こうにはライオンがいるかもしれない」、「あの扉の向こうには深淵が口を開けているかもしれない」、「けれども、もしかしたら素晴らしい宝があるのかもしれない」などと葛藤しているうちに時が過ぎ、やがて彼は扉を選ぶことをやめてしまう。

そのうち扉への関心も薄れて、長い長い時を建物の中で過ごすことになる。最終的に、男は扉を選ぶことを放棄することによって外に出ることができるのだった（エンデ、2007, pp211-239）。

この物語は、簡単にいうと、**「物事を自由に選択できる状況は、人にとってどのような意味を持つのか」**ということを示しているのではないだろうか。生きるということには、大なり小なり選択が伴う。ある意味では、人生は選択の連続であるということができきるのかもしれない。もちろん、選択肢の数は人によって異なるが、それでも、ある選択をしたら、それには必ず選ばなかった選択肢がある。

人は誰しも、人生において、望むと望まざるとにかかわらず、何度か岐路に立たされることがある。こちらの道を選べば、あちらの道は閉ざされる、というような大きな選択であればあるほど、選ぶことは難しく、人は思い悩む。

そして、「自由の牢獄」の男が扉の先に通じる道に何が待ち受けているかわからず逡巡するように、たとえ選んだとしても、その道が正しいという保障はどこにもない。

そんなとき、「自由の牢獄」の男のように、「選ぶことをやめる」というのも一つの選択といえそうだ。いずれにしても、「自由の牢獄」が描いているのは、**何を選んでも自由であるという状況は、逆に選ぶことの困難を人に突きつける**ということだろう。

現代に生きる私たちや社会が置かれている状況も、「自由の牢獄」に近いものがあるのではないだろうか。

例えば、女性であれば、結婚して家庭に入る生き方だけでなく、働き続けたり、結婚しない生き方を選ぶ人も増えた。

働き方をとっても、同じ会社にずっと勤め続ける人もいれば、転職する人、起業する人、あるいは自営業に就く人など、さまざまだ。在宅勤務によって会社のある場所に縛られず、好きな場所で働く人もいるし、副業や趣味の追求などによって複数の肩書きを持つ人もいる。よい大学を出てもよい会社に就職できるとは限らず、大企業に就職すれば一生安泰ということもなくなった。

性別についても、従来の女性・男性という枠組みだけではなく、トランスジェンダーやノンバイナリーといったジェンダーアイデンティティ（性自認）や、LGBTQ+《エルジービーティーキュープラス》といったセクシュアリティ（性的指向）、クエスチョニング（性自認と性的指向が決まっていない）など、性に関する多様性の存在が広く認知されるようになってきている。

◉価値観の多様化のジレンマ

フランスの哲学者リオタールは、このような状況を**「大きな物語の終焉」**と呼んだ(Lyotard, 1984)。それは、多くの人に共有されていた価値観（大きな物語）が力を失い、多様な価値観を認め合い、共存する道を模索する状況になっているということである。

このことは、選べる生き方の選択肢が増えているという意味において自由である一方で、どうすれば安心して幸せに生きられるのか、明確な基準がなくなっているということでもある。例えば、「男性は働き、女性は家庭を守る」という価値観が当たり前と思われ、広く共有されていた時代は、それに則って生きれば、ある程度「安心」や「幸せ」を実感できたかもしれない。

しかし、現代はその価値観自体が揺らぎ、力を失っていて、どう生きたらよいのかが見えにくくなっている。まさに「自由の牢獄」の男のように、人は自由に選べる扉が増えれば増えるほど、どの扉を選べばよいのかわからなくなり、不安になるのだろう。

私には、この不安が、近年世界各地で見られる極端に保守的な政治思想や信条の隆盛を招く一因となっているように思えてならない。とても皮肉なことだが、**自由が保障され、多様な価値観の存在への意識が深まれば深まるほど人は不安になり、自由の制限や束縛を欲し、多様性を否定しようとする**のだと思う。

◉自由、でも不安な時代

このように現代は、自由である一方で不安な時代ということができるのかもしれない。自由は、幅広い選択の可能性を保障する。けれども、自由は選択の正しさを保障しないので、選んだ先にあるリスクや結果は自分自身で引き受けなければならない。自分の生き方は自分で決め、自分で見出していくしかない。この自由の持つ厳しさの前に、多くの人が立ちすくみ、不安になっているように見える。

このような**不安な時代を生きていくにあたり一助となり得るのがユング心理学**だと思う。少なくとも、私にとってはそうだ。ユング心理学が「正しい答え」を教えてくれるということではない。**自分の行く道を照らしてくれる灯のような存在**だと感じている。それは、自分の生き方に意味と方向性を与え、人生という一人で進むしかない孤独な道程にかなりの安心をもたらしてくれるように思う。

ユング心理学というと、日本では故・河合隼雄先生を通じて知った人が多いかもしれない。河合隼雄先生は、ユング派分析家の資格を日本人で最初に取得され、以降、平易でありながら深みのある言葉でユング心理学を日本に広めることに尽力された。

ユング心理学は、スイスの精神科医であったカール・グスタフ・ユング（Carl Gustav Jung）が創始したので、西欧で発展した心理学の一系譜であるといえるが、日本は非西欧諸国の中でユング心理学の普及が最も成功した国の一つに数えられている。

◉ユング心理学は純喫茶？

ただ、実は現在、本場である西欧でユング心理学は他の流派におされ、根強い支持はあるものの下火になりつつある。

日本でも、2007年に一般の人たちにも知名度があった河合隼雄先生が亡くなり、新しい流派や心理学的手法が次々と紹介・導入されたこともあって、一時ほどの勢いはなくなった。書店でのユング心理学のスペースも、ネットでの書籍購入が一般的になりつつあることも一因とはいえ、年々縮小されていくのを見ると切ない気持ちになる。

ある意味では学問としての成熟期に入ったという見方もできるが、現代の心理学や心理療法の本流からは少々外れている感じがあり、ユング心理学は**「好きな人は好き」というマージナル（周縁）な存在**になりつつある気がする。私自身、数年前に同業の知人にスイスのユング研究所に留学してユング派分析家の資格取得を目指すと話したら、「それはこの時代に純喫茶を開業しようとするようなものだよ。なぜ今さら?」と言われた。

確かに近年、心理臨床の現場では、生物学的知見の進展に伴い、自然科学的な根拠を持つ心理療法のアプローチが増えた。ユング心理学は、人間のこころをより深く理解するために、人文科学はもちろん、宗教、錬金術、西洋占星術、易経といった一見スピリチュアルやオカルトめいた領域にも関心を寄せ、こうした分野から得られる知見も大事にするので非科学的に映り、自然科学的根拠に基づくエビデンスベースドの治療方法が重視される現代には、そぐわないように見えるのかもしれない。

かくいう私自身も、「純喫茶」とまで言われた手前、はたしてこれまでの自分の仕事やキャリアを一旦犠牲にしてまで海を渡り、ユング派分析家の資格取得を目指す意味があるのか、実際にユング研究所に留学するまで不安だった。

それでも、私にとって、こころに響くのはユング心理学だったし、そのことに嘘はつけなかった。**ユング心理学の魅力であり特徴は「個性」を重視すること**にある。それが、子どもの頃からどこにいても誰といてもなじめない感覚があった私にはしっくりきたのだろう。**「それでいいんだよ」**と背中を押してもらえる感じがあった。

だからこそ、「人気があるから」、「就職に有利だから」というような目先の理由ではやりの心理療法や手法を学んだとしても、それらの道を真剣に志している方々に失礼であるし、何より自分が心理療法家としても自分自身としても、地に足をつけてしっかり生きていくことができなくなると思った。

◉不安な時代を生き抜くためのユング心理学

結果として、私がユング研究所に留学することで得たのは、自分とは何者なのか、自分の個性について深く考える機会だった。それは、私にとっては、犠牲を払ってでも得る価値のあるものだったと思う。なぜなら、**自分を知らなければ、他人を知ることもできないし、自分らしく生きることもできない**からである。

自分の個性について理解を深めることを通じて、私は自分の足元がより定まったように感じるし、そのことが自分の心理療法家としての仕事にもよい影響を与えている。

ユングは、心理臨床の実践において、セラピスト（治療者）とクライエント（被治療者）双方の個性を大切にしていた。ユングにとって心理療法とは、セラピストとクライエントの個性が出会う場であり、クライエントを癒す根幹はセラピストの個性にあるのであって、セラピストの依拠する治療法や理論ではなかった。

それゆえ、ユング派の心理療法は十人十色で、はっきりした固定的なやり方はない。セラピストとクライエントの個性が出会い、それぞれのクライエントの個性に合った形で展開していくことを大切にしている。

そう、ユング心理学は**一人ひとりに寄り添う「やわらかい心理学」**なのである。治すために積極的に働きかけたり、しっかりとした決まった手法があるハードな心理学ではない。隣にそっといさせてもらうためには、クライエントさんの行く手を妨げないように、彼らの個性が何よりも尊重されなければならない。

私は、ユング心理学の持つやわらかさが、不安な時代を生きる人々を支える可能性を持っているのではないかと考えている。

人々の意識や社会が大きく変化しつつある中、自分の個性に合わせた生き方や働き方を模索していくことが今後ますます重要になってくるだろう。自分の道を見出し、自分らしく歩んでいくことは、誰にとってもとても難しく、不安なことである。ましてや選択肢が無数にある状況では、困難や不安は増すばかりだ。

そんなとき、ユング心理学は、**道なき道を行く私たち一人ひとりが背負っている荷物に、何が入っているのか、どんな風にそれらを使えばよいのか、そしてそれらから何を得たらよいのか、教え、導いてくれる。**それこそが、自分の個性について理解を深めるということであり、人生に意味と豊かさを与える一歩となるのではないだろうか。

ユング心理学はユング自身の経験に基づいている。いわば、自分を研究対象とし、自身の夢やイメージ、体験を手がかりに、こころを探究していった。

このユングの手法にならい、本書では、私自身の経験を織り交ぜながら、ユング心理学を紐解いていきたい。少々おこがましい試みではあるものの、ユング心理学が経験的な心理学である以上、あえて私という個人の物語を通じて語ることによって、その本質をより具体的に、わかりやすく示すことができるのではないかと思っている。

この本を読み終わったとき、少しでも自分の個性を知っていくことの面白さ、ユング心理学の奥深さを感じてもらえたら嬉しい。そして、不安な時代を生きていくための何らかのヒントとなることを願いながら、みなさんと一緒に**ユング心理学をめぐる旅**に踏み出していきたいと思う。

なお、本書で取り上げている心理臨床上の事例に関しては、個人情報保護と秘密保持のため、内容を損なわない範囲で改変してある。また、本書で使用している写真については、すべて私が個人的に撮影したものである。

自分を再生させるためのユング心理学入門　もくじ

CONTENTS

第4章 こころはバランスを求める

―心的エネルギーと補償―

CONTENTS

第5章 自分の意識のあり方を知る
―タイプ論―

第6章 目に見える世界がすべてではない
―シンクロニシティ―

CONTENTS

カバーデザイン 井上新八
カバー・本文イラスト 植田たてり
DTP 一企画

第1章

失敗や負けは変化のチャンス

―個性化―

「ユング心理学」というメガネ

◉そのメガネが合うか合わないかでも個性が出る

世の中には、「こころ」のしくみを理解しようとするたくさんの心理学と、それに基づく心理療法がある。「こころ」というものに対し、それだけ多くの人が関心を持っている証拠であろう。ユング心理学も、その中の一つである。

こころには実体がなく、臓器のように取り出したり解剖したりして理解することはできない。実体がなく、いわば想像の産物であるのに、こころが存在することは、今や多くの人にとって自明のこととして受け入れられている。

脳科学の発展に伴い、「こころ＝脳」という議論も一時期さかんになされていたが、**脳や科学だけで説明しきれない何かがある**ということがわかってきている。こころはとても複雑で、見る人によってさまざまに形を変える不思議な存在なのである。

したがって、**心理学は「こころを見るためのメガネのようなもの」**である。メガネにはデザインや用途の違いはあっても良し悪しはない。**大事なことは、その人に合うか合わないか**である。

私たちは誰しもが不安を抱えながら生きている。人生にはさまざまなステージがあり、その不安とどう向き合うかは、その人によって、その時どきに応じて常に変わっていくものであるし、むしろそれでよい。

ユング自身も、ある人のある時にはフロイト（Sigmund Freud）の精神分析が、そして別の人のある時にはアドラー（Alfred Adler）心理学が説得力を持つのであって、自分の心理学は万能ではない旨を述べている（ユング、1972, p.192）。

私にとってユング心理学というメガネは、こころを見るうえで、今のところ自分に最もフィットしている。私は、このユング心理学のメガネがどんなかけ心地なのかを、この本を通じて皆さんにシェアできればいいなと思っている。

もし**ユング心理学のメガネをかけてみて、それが自分にぴったりくると感じるなら、それはすでにあなたの個性がそこに反映されているの**だろう。

人を不安にする「人生の昼下がり」

◉中年期になると「不安」のほうが私たちに近づいてくる?

今の時代、誰もが不安を感じているが、多くの人にとっては**漠然とした不安**なのではないかと思う。ときどき表面化するけれど、普段は奥底に置いておけるもので、距離を取ったり、忘れたりしてやり過ごすことができるレベルにある。でも、その不安がものすごくクリアで鮮明な形になって、人生に立ち現れてくることがある。

不安になることを「不安に襲われる」、「不安に駆られる」という言い方をするが、これらは皆、動詞の未然形に「れる」という受け身の助動詞がついた表現である。

不安というものが元来コントロールできないもので、私たちが起こすのではなく、不安のほうから私たちのところへやって来ることをよく表していると思う。

ユング心理学の観点からいうと、多くの人にとって不安が顕在化してくるのは**中年期**ではないかと思われる。

ユングは、中年期は36歳ごろから始まるのではないかと考え（Jung, CW8, para556）、この時期を人生の正午とも呼んだ。人の一生を一日に換算すると、中年期というのはちょうど一日の真ん中あたりになるためである。

「正午」は「午前」でも「午後」でもなく、これまで過ごしてきた「午前」とこれから始まる「午後」がある、中間的な時間。人生においても、これまで過ごしてきた人生の前半の時期を経て、人生の後半にさしかかろうという時期が「中年期」である。

この時期にさしかかると、体力が落ちて身体が不調をきたすなど、若さが失われていくのを実感し、老いや死が現実的なものとして射程に入ってくる。また、仕事やプライベートでの転機を経験して、これまでなんとなくみんなと横一線の競争だったものが、だんだんと個人戦の様相を呈してもくる。

簡単にいうなら、人生の前半の時期は、学校や会社といった社会集団にいかに適応し、自分を位置づけていくかという「集団の時期」、後半は、仕事や家庭も一段落し、個人としてどう生きるかがよりフォーカスされる**「個人の時期」**と表せるかもしれない。

◉人生の節目に不安はその姿を鮮明にする

作家の芥川龍之介が自分の将来に対する「唯ぼんやりした不安」のため、35歳の時に自死したのは有名な話であるが、ユング自身も中年期にフロイトと決別し、以降何年にもわたる精神的な危機を経験した。**中年期は、不安に捕まって死に引きずり込まれることもある「逢魔の時」**といえるのかもしれない。

ただし、中年期が始まるのが36歳としたユングの考えは、彼の実体験に基づいているのではないかと思う。私の心理臨床経験では、これは必ずしも対応しない印象である。20代後半〜30代前半に中年期的な心性に突入している人はいるし、60代〜70代に入ってから不安が立ち現れて危機を迎える人もいる。

いずれにしても、ここで私が言いたいのは、時期はそれぞれの人によってまちまちだけれども、人生において不安が顕在化するときはいつか必ず来るのではないか、ということである。

そして**多くの場合、人生の節目の時期に不安はその姿を鮮明にする。**なぜなら、節目の時期というのは、これまでうまくいっていたことがうまくいかなくなるからこそ訪れるもので、失敗や負けを契機としていることがほとんどだからである。

勝ち負けではなく、物事はトータルで見る

◉MBA取得を目指すタイプにユング心理学は向かない？

そもそも心理療法は、人生でつまずき、立ち止まらざるを得なくなったときに受けるもので、成功し前に進んでいる人は積極的に受けようとはしない。そういった意味では、人が不運や不幸に見舞われ、失敗や負けを経験したときに初めて成立する営みといえる。

多くの心理学やそれに基づいた心理療法は、基本的に、今回は失敗したり負けたりしても、次は成功し勝つことを目指している。

一方、ユング心理学やユング派の心理療法は、成功することや勝つことにあまり興味がない。**その人が今、失敗して負け、立ち止まったことに意義を見出す心理学**である。だから、成功して次の勝負に勝つことにフォーカスしている人には、あまり刺さらないと思う。

私は以前、スイスのビジネス・スクールでＭＢＡ取得を目指す学生たちの心理療法を

授業の一環として担当していたことがあるが、卒業が決まり、世界的に有名な企業に内定したので心理療法を終結することになった学生の一人に、「ユング派の心理療法はもういいです。これからはコーチングに通おうと思います」と言われた。

ビジネスの世界は、成功して勝つことが評価される世界である。そのような世界において、敗者に居場所はない。

そもそもＭＢＡ取得を目指すこと自体、成功して勝つことを目指すことである。競争に勝って有名企業への切符を手に入れた人が、さらなる競争に身を投じようとするとき、立ち止まって失敗や負けを噛みしめようとするユング心理学ではなく、コーチングに魅力を感じるのは当然のことであろう。

ユング派の心理療法の場で紡がれるのは、失敗や負けの痛みや悲しみ、怒りや不安の物語で、明るい希望に満ちあふれた物語や困難に打ち勝つ勇ましい物語ではない。

だからこそ、人々が「負け組」と「勝ち組」とに分断され、成功して勝つことが評価されがちな今の格差社会において、ユング心理学が周縁に追いやられてしまうのも無理からぬことなのかもしれない。

◉失敗したときや負けたときに本領を発揮するユング心理学

ユング心理学が失敗したときや負けたときにこそ、その本領を発揮するのは、そもそもユング自身が人生において多くの失敗や負けを経験した人だったからだと思う。

ユングは、存命中に世界的な名声を得た一方で、批判もされた。彼は、晩年まで多くの人々が彼の仕事に対して無理解であることを嘆き、時に憤慨していたと伝わる。

ユングは、自分の人生を振り返って、自伝の最後のほうにこう記している。

「私は多くの人々の感情を損ねた。というのも、彼らが私を理解しないと見るや否や、もう話はすんだとして私がとり合わなかったからである。私は先を急がねばならなかった。私は患者たちを除いて――人々に対して辛抱強くはなかった」（ユング、1973, p.215）

ユングは心理臨床においても、クライエントの調子が良いときはあまり興味を示さず、調子が悪くなると、がぜん興味を示した、という逸話が残っている。ひどいと思うかもしれないが、ユングは自分自身の経験も踏まえて、**失敗したり負けたりしたときにこそ立ち止まることができ、そこには変化へのチャンスが生まれる**と考えていた。

もちろん、成功することや勝つことに意味がないとユングが考えていたわけではない。

人生にはさまざまなライフステージがあり、成功したり勝ったりすることが大事になる時期もあるからだ。

成功し、勝つこと、もしくはそれを目指すことは、ユングの言うところの人生の前半、すなわち中年にさしかかるまでの間の人生において、社会に適応していくための原動力や推進力になり得る。個人差や置かれた状況にもよるが、特に若いうちは、成功して勝つことが人生の中心的な課題になる場合がある。

しかし、**ずっと成功して勝ち続けられるほど人生は甘くなく、やがてほとんどの人に失敗するときや負けるときが訪れる。**挫折や脱落、離婚や別離、病気という形かもしれない。いじめやパワハラ、セクハラなどの人災や、天災などの理不尽な出来事に襲われる形かもしれない。あるいは、成功し勝っていると思っていたものの、その虚しさに気づいたり、実は負けているのではないかと感じる形なのかもしれない。

渡辺あやさんが脚本を書いている『エルピス』というテレビドラマの中で、裕福な家に生まれ、小学校から大学まで名門私立育ちでビジュアルもよく、ずっと母親に勝ち組と言われ、自分でもそう思ってきた大手テレビ局の若手ディレクター・岸本拓朗が、そのことに疑問を持ち始めたとき、こう言う。

「**でも僕、本当は何にも勝ててない気がするんですよね。……自分たちは勝ち組なんだって思い込むために、必要以上に負けてきただけなんじゃないかって**」（渡辺、2023, p.127）

実は拓朗と彼の母親には、拓朗の中学時代、友人がいじめられていることを知りながら、主犯が学年一番の有力者の息子だったために何もせず、黙っていた過去があった。裏切られて見殺しにされた友人は自殺し、拓朗はそのことをなかったことにして生きてきたのであった。

そのことと向き合ったとき、彼は、「**僕らは負けたんです。決定的に負けて、それからずっと負け続けて……一番嫌いで許せないはずのやつらに媚びへつらいながら、勝ち組にいさせてもらうために……**」と号泣する（渡辺、2023, p.129）。

拓朗は傍目には**人生の勝ち組だったけれど、そこにい続けるために長いものに巻かれ、考えることを放棄して権力や力に負け続けてきた**のだろう。

◉スティーブ・ジョブズは誰もが羨む勝者といえるのか

今の世の中では、ネオリベラリズム的な考え方の影響もあってか、「失敗すること」や「負けること」はネガティブにとらえられがちである。

晴れる日もあれば、雨が降る日もあるように、失敗することも負けることも自然なことなのに、失敗したり負けたりすることが必要以上に恐れられているように思う。一方で、成功して勝つことが必要以上に称揚されている。

最近もアップルの創業者スティーブ・ジョブズのゴミ箱から拾われた小汚いサンダルがオークションで3000万円の値がついたというニュースが報道されて驚いた。私には、カリスマ経営者として勝者とみなされているジョブズが神格化されているように感じられた。

確かに、アップル製品は世界中で広く使われているし（私も愛用している）、自身の才覚によってアップルを世界的な企業に育て上げ、巨万の富を築いたジョブズは、経営者としては成功者で、勝ち組の中の勝ち組といってよいだろう。

しかし、彼の人生をトータルで見たとき、必ずしも常に成功者や勝ち組の側にいたとは思えない。複雑な家族背景を持ち、鼻持ちならない言動で人と対立し、一度は失脚してアップルを追われ、2003年にすい臓がんと診断され、長い闘病生活の末、2011年に56歳の若さで亡くなった。

ジョブズは「自分一人を信じる」という信念を持っていたそうであるが、言い換えれば、「信じられるのは自分だけ」ということでもあり、孤独な人物像が浮かび上がる。彼が若い頃からヨガや禅に傾倒し、厳格な菜食主義を貫いていたのも、こころの拠り所を求めてのことだったのではないだろうか。

そう、**人生も人も多面的で、物事はトータルで見ないとわからない。**今成功して勝っていても次に失敗して負けたり、勝っているように見えても実は負けていたり、ある側面では成功していても、別の側面では失敗していたりもするのである。

失敗に独自の意味を見出す「個性化」

◉物事を「勝者・敗者」といった二元論でとらえない

ユング心理学は、失敗したときや負けたときにこそ、そこには変化のチャンスがあるととらえている。具体的には、その変化を**個性化**である、と考えている。

「個性化」とは、「失敗から立ち直って成功するための変化」や「負けないための変化」ではない。また、「成功」と「失敗」、「勝ち」と「負け」といった二元論の中で自分の負けをとらえるのでもない。**一度立ち止まり、その失敗や負けが、自分の人生や生き方をトータルで見たとき、どのような意味を持つのか、自分にしっくりくるオリジナルの意味を見つけていくこと**である。

失敗や負けが自分の人生にどう意味づけられるかで、その人の人生の方向性が変わっていく。これがユング心理学の考える「失敗や負けがもたらす変化＝個性化」である。

そもそも「個性」というものが何なのかと考えるとき、私にはそれは限りなく「傷」

に近いものなのではないかと思える。

失敗や負けは人のこころに手痛い傷を負わせるが、その傷はその人をオンリーワンの存在にしていく可能性を持つ。新品の革靴が、傷がついたり汚れたりしながらだんだん足に馴染んでいき、その人にとっての唯一無二の靴になっていくように。

一度ついた傷は消えない。けれども、その傷は、その人と他の人とを分けるものでもある。いわば、傷は、その人をその人たらしめる。だから、**「個性化」とは、自分の傷を見つめ、自分のものとして引き受けていく作業**でもある。

二元論で物事をとらえる危険性をわかりやすく示しているのが、ことわざ「塞翁が馬」である。これは、14世紀ごろの中国の『淮南子《えなんじ》』という思想書に出てくる物語を元にしている有名なことわざなので、一度は耳にしたことがあるのではないだろうか。

「塞翁が馬」の物語はこうだ。

――昔、国境の砦（塞）の近くに、占いの得意な老人（翁）が住んでいました。あるとき、彼の馬が逃げてしまったので、みんなが気の毒にと同情しましたが、彼は「これは幸運のしるしだよ」と言いました。のちに、逃げた馬は、別の立派な馬を連れて帰ってきました。

みんなが祝福すると、老人は「これは不運のしるしだ」と言います。実際、しばらくすると、老人の息子がその馬から落ちて、足の骨を折ってしまいました。

みんなが同情すると、「これは幸運のしるしだ」と言いました。そのケガのおかげで、老人の息子は戦争に行かずにすみました。――


この物語の言わんとするところは、**物事は単純な二元論ではははかれない**ということである。一見、不運に見えることが、人生をトータルで見たら幸運だったりするし、その逆もあり得る。「成功」と「失敗」、「勝ち」と「負け」も同じで、**今は失敗し、負けたように見えていても、人生をトータルで見たとき、実は自分に学びや気づきをもたらす「勝ち」、もしくは「必要な負け」かもしれない**のだ。

世の中にはたくさんの二元論的な物事のとらえ方があり、判断する際、それはわかりやすくて楽だ。しかし、人間も人生も本来、両義的で、複雑で、多面的である。どこかを切り取って、一方的に「成功」か「失敗」か、「勝ち」か「負け」か、「良い」か「悪い」かを決めつけるのは、とても危険なことである。

ユング心理学では、何かを一方的にこうだと決めつける二元論的な物事の見方から離れて、自分らしく生きることを目指しており、それが「個性化」の本質だといえる。「個性化」は、ユング心理学が提示する、人生における目標でもある。

「個性化」について考えるにあたり、高村光太郎の有名な詩「道程」の発表当初の冒頭を見てみよう。

どこかに通じてる大道を僕は歩いているのじゃない
僕の前に道はない　僕の後ろに道はできる
道は僕のふみしだいてきた足あとだ
だから　道の最端にいつでも僕は立っている

――この詩の提示するイメージは、「個性化」の過程をよく表している。誰かが作った道ではなく、悩んだり苦しんだりしながら自分自身の道を作り、人生という道のりを歩んでいくとき、人は自分らしく生きているということができるのではないだろうか。

ただ、この「自分らしく生きる」というのは、言葉で言うほど簡単なことではない。

まず、「自分」というのは何なのだろうか。

「母親です」、「夫です」、「○○社の課長です」など、役割や肩書きで説明しようとする人もいるし、「○○するタイプです」、「○○しがちなところがあって」と性格から説明しようとする人もいる。

いずれにしても、「自分」を説明するのは、案外難しいことに気がつくと思う。「自分」は多面的で、一言で言い表せるような存在ではないからだ。

自分らしく生きる――、そのためには、**まず自分を知ることから始めなければならない。**

ユング心理学では、自分を知るために、意識と無意識のコミュニケーションを図る。それは、**こころの中の意識の部分を増やしていくこと**で、いうなれば、そこにユング派の心理療法の核心がある。

意識と無意識のコミュニケーション

◉ユングの考える「こころ」と「無意識」

「こころ＝意識＝私」ととらえている人が多いかもしれないが、「意識」も「私」もこころの一部分でしかない。

ユングは、**こころとは「私」が「意識」していない部分、つまり「無意識」を含めた全体**だと考えていた。

こころは全体から見なくてはならないので、**「意識」と「無意識」のコミュニケーションがうまくいっていないと機能不全を起こしてしまう。**それが、例えばうつ病などの症状として現れてくる。こうした症状の治療のためには、「意識」と「無意識」のコミュニケーションを回復し、お互いの疎通をよくしなければならない。

私たちも、最初は知らない者同士でも話すとお互いのことがわかってくるように、「意識」と「無意識」も、話すうちにお互いに対する理解が深まる。そうすると、今まで「無意識」だった部分が「意識」されるようになり、こころの「意識」の部分が広がっていく。

無意識という概念を最初に心理学に導入したのは、オーストリアの精神科医であったフロイトである。

フロイトはこころの構造を**「氷山」**にたとえた。氷山は、海に流れ出した大きな氷の塊だが、海面上に見えている氷山の部分は全体の七分の一から八分の一でしかない。氷山の大部分は海面の下にあって、私たちには見えない。「氷山の一角」という慣用句があるが、それは氷山のように物事のごく一部分が表面に現れていることを示している。

フロイトは、こころも同じだと考えていた。私たちが見ることのできる海面上の氷山の部分（＝意識）は、氷山の全体（＝こころ）のごく一部で、大部分は海の中、つまり意識されていない無意識の状態にあるということなのだ。

フロイトは、このこころの無意識の部分には、意識したくない願望、特に性的な願望がたくさん押し込められている（＝抑圧）と考えた。そして、その押し込められた性的な願望を意識していくことが治療的であることを見出したのである。

◉こころを「家」に見立てる

私自身は、クライエントさんと話すとき、こころをよく「家」にたとえる。家の中にはいくつかの部屋があるが、**普段生活しているメインの部屋が「意識」、それ以外の部屋が「無意識」**と考えるとよいと思う。

ただ、メインの部屋以外の部屋の種類はいろいろあって、「たまに行く部屋」や「あまり行かない部屋」、「使わないものを置いておく倉庫」や「地下室」だってあるだろう。メインの部屋ではないけれど、「たまに行く部屋」は「意識」に近く、アクセスしやすい「無意識」という風にとらえられるだろうし、「使わないものを置いておく倉庫」は「意識」が棚上げしておきたいことをしまっておく場所、そして「あまり行かない部屋」や「地下室」は、その人の「意識」から遠く、ほとんど意識したことがないことや意識したくないこころの部分を表しているととらえられる。

それぞれの部屋のドアは、ふだんはちゃんと閉まったり、鍵がかかったりするようになっている。でも、ときどきドアの調子が悪くなったり、必要が生じたりして、やたら声の大きな人や見知らぬ人や物が部屋から飛び出してきて、突然メインの「意識」の部屋に乱入してきたりする。それがうつや強迫、統合失調症といったような、さまざまなこころの症状をつくり出しているのだと考えられる。

「家」や「部屋」は、こころのイメージとしてよく夢に登場する。私が「家」をこころのメタファーとして使用するのは、こころ自体が夢を通じてそのようなイメージを生み出しているためで、だからこそクライエントさんたちにとっても説得力があり、届きやすいだろうと思うからである。

◉ユングの家の夢と、その解釈の相違によるフロイトとの決別

ユングも家の夢を見ている。それは、1909年にフロイトとのアメリカへの7週間にわたる船旅の中で見た夢の一つで、彼にとって自分の心理学を打ち立てていくための重要な指針となった。

その夢は、ユングが二階建ての家の「二階」にいるところから始まる。ユングがそこから下の階に降りていくと、一階は中世風の調度で、そこからさらに下に降りていくと、そこはローマ時代の地下室だった。そしてその地下室からさらに下に降りていくと、岩

に掘り込まれた洞穴があった。下の階の部屋ほど家具や壁が古くなり、あたりも暗くなっていった。最終的にたどり着いた洞穴は先史時代のもので、そこでユングは古い人間の頭蓋骨を二つ見つけている（ユング、1972, pp.228-229)。

ユングは、この夢がこころの構造を表していると考えた。**こころは層構造を持っており、古い層に新しい層が積み重なって進展していくもの**ととらえていた。

ユングの夢の家の最も下に降りたところに先史時代の洞穴と頭蓋骨があったように、こころの深い場所にはとても古い層がある。それは、先史時代から人類が受け継いできた記憶や知識の集合体といえ、個人を超える性質を持つものである。

ユングは、人間のこころの最も基礎的な部分に、人類に共通する古い層があることをこの夢が示唆しているととらえたのであった。ユングはこの人類に共通するこころの古い層のことを**「普遍的無意識」**と呼んだ。

ユングの考えでは、「普遍的無意識」には、人類に共通する経験や知識、記憶が眠っている（「普遍的無意識」は「集合的無意識」とも訳されるが、この本では「普遍的無意識」で統一することにする）。

しかし、この夢を聞いたフロイトは、ユングが見つけた古い人間の頭蓋骨が「秘密の死の願望」を表すものだととらえた。つまり、ユングの中に誰かの死を願う気持ちがあるというのである。

この夢のとらえ方の違いに表れているような無意識に対する見解の相違は、ユングとフロイトとの違いを決定づける出来事であった、やがてユングは、師と仰いで一時期とても親しい関係にあったフロイトと決別する。

フロイトにとって無意識は、抑圧され、排斥された願望の在処であり、その願望を偽装したり、検閲して歪曲したりするなど、どこかネガティブな存在であるが、**ユングにとって無意識は、創造的で生命力と可能性に満ちた、ポジティブな側面を持ち合わせた存在**であった。

フロイトはユダヤ人で、そのことで不遇な状況に置かれていた。ヨーロッパでは、長らくユダヤ人は差別され、排斥されて苦難の歴史を歩んできた。そうした背景もあって、フロイトは無意識を解明し、科学として確立しようとしていたが、ユングは無意識を探究することで科学の概念を広げることができるのではないかと考えていた。

「意識」を増やすと精神的に安定する

こころの中の意識の部分を増やしていくためには、無意識とコミュニケーションをとらなくてはならない。どうすればできるのだろうか。

◉夢は「無意識の言語」

ユング心理学では、夢やイメージがその手段であるととらえている。特に**夢の検討**は、ユング派の心理療法で最も重視されている。

夢の中では、空を飛んだり、水の上を歩いたり、突拍子もないことが起こる。夢分析では、これを**「無意識の言語」としてとらえ、「意識の言語」への翻訳を試みる。**

この作業によって、こころの状態を意識のレベルで理解することができ、それまで無意識だった部分が意識化され、意識の部分が増えていくことになる。

そうすると、**意識と無意識の疎通がよくなって、コミュニケーションが円滑になり、癒されたり、楽になったりすることが起きる。**

ユングは、このことを自らの経験を通じて明らかにした。フロイトと決別したあと、ユングは数年間にもおよぶ精神的な危機に陥る。この時、ユングは自分の見た夢やイメージをノートに書き記し、危機を脱していくことができたのだった。

このノートは全部で7冊あり、黒い表紙だったので、『黒の書』と呼ばれている。これらを清書したものが『赤の書』で、日本語でも出版されている。

この『黒の書』と『赤の書』は、ユングのこころの中で起きていた意識と無意識のコミュニケーションの記録として読むことができる。特に『赤の書』は、ユング自身の手による飾り文字と美しい絵が添えられて綴られており、まるで中世の修道院で作られた写本のようである。ユングがいかに真摯に意識と無意識のコミュニケーションに取り組んでいたかが表れている。

それでは、なぜ意識と無意識のコミュニケーションが円滑になると、癒されたり、楽になったりするのだろうか。私は、自分のことがよりよくわかるようになり、安心できるためではないかと思っている。

解剖学者の養老孟司先生があるインタビューで、ご自身が医学の中で解剖学を専門に選んだのは、臓器を切っていると安心できたからだと言っていた。臓器は現実のものとして触れられるし、実際に切って、見て、理解することができるだからだ、と（NHK、2022-11-07）。

「自分を理解する」ということも、これに近い感覚なのではないか。もちろん、自分を実際に解剖することはできないが、自分を理解するということは、自分のこころを俎上に載せて観察し、分析することだと思う。

「分析」とは、「複雑な物事をいくつかの要素や性質、構成に分けて、明らかにしようとすること」である。それは、臓器を切り分けて理解しようとする解剖に似ている。

「ユング心理学」の通称のほうがよく知られているので、この本では「ユング心理学」で統一しているが、実はユング心理学の正式名称は**「分析心理学」**という。他の名称の候補もあったようだが、結局「分析心理学」に落ち着いた。

ユング心理学の本質は「分析」にあり、「分析」の主眼はこころを理解することで自分を理解し、安心することにあると私は考えている。

無意識はこころの一部であり、自分の一部であるから、無意識とコミュニケーションをとり、そのメッセージをちゃんと聞くことで、「自分ってこういうところがあるんだ

な」、「自分にとっては、こうしたほうがいいんだな」と自己理解が深まる。

私自身、夢分析を通じて無意識とコミュニケーションをとることで、自分のことをよりよくつかめるようになったと感じるし、何よりも、自分の立っている場所がわかってより精神的に安定したと思う。**自分が何者なのかがわかることは、人に安心をもたらす。**

私を導いた夢
～夢と人生の転機との呼応～

◉印象的な夢は重要な意味を持つ場合が多い

夢は見ないとか、夢を見ても忘れてしまう、という人もいる。それでも、これまで生きてきた中で、一度も夢を見たことがないという人は少ないのではないだろうか。

特に、**起きた後に鮮明に覚えていたり、何度も見たりする夢は、その人にとって重要な意味を持っている場合が多い**ように思う。こういう時、無意識から意識への通路が開き、無意識が積極的に意識に語りかけているということなので、耳を傾けてメッセージをちゃんと聞くことが大事である。

私は、自分の人生の転機に、いくつか印象的な夢を見てきた。というより、後から振り返ると、自分の夢と人生の転機が呼応していたなと思う。夢を見た時点では、自分ではっきりと今が転機だとわかっていたわけではなく、夢に導かれていく中で、転機となっていった、というのがより近い感覚である。

ここでは、私がスイスのユング研究所への留学へと導かれた夢を取り上げてみたい。

私は2014年の年初に、「スイス人の男性に助けてもらいながら、スイスのチューリッヒにあるグロスミュンスター大聖堂（Grossmunster）の壁を登る」という夢を見た。

グロスミュンスター大聖堂というのは、チューリッヒの街を象徴する歴史ある教会である。**鮮明な夢であったが、私はこの夢を見た時、意味がよくわからなかった。**

私は幼少期に父親の転勤のためチューリッヒで暮らしていたことがあり、チューリッヒは私にとって思い出深い街である。しかし、それまで夢に出てくることはほとんどなかったので、何だかとても唐突に感じられた。だから、この夢について深く考えることもなく、そのまま放置していた。

グロスミュンスター大聖堂

当時の私は、どこか満たされない気持ちを抱えつつも、惰性的な日々を何年もの間、送っている状態だった。このままではいけない気がするけれど、何をどうすればよいのかわからなかったし、自分なりにいろいろやってみても、何も実を結ばず、息苦しさがあった。
ユング研究所に留学したい気持ちはどこかにありつつも、日々の生活に手いっぱいで、現実的なものとして考えることを放棄していた。

そんな私が、この年に仕事で大きな挫折を経験することになる。よかれと思って転職した先で、私には理不尽だと感じられるさまざまな要求をされ、それにうまくこたえられずにいると、厳しく批判され、叱責された。

私は、その職場に行くこと自体が苦痛になり、どんどん精神的に追い詰められていった。よく眠れなくなり、毎朝体を引きずるようにして通勤していた。職場では、(また批判され、叱責されるのではないか……)と常に恐怖とストレスを感じていた。

職業柄、私には自分が抑うつ状態であるという自覚があった。職場での出来事が引き金になっているのはわかっていたので、この状況から離れることが、とりあえず最良の手段であることも頭では理解していたが、そのことを恥ずかしく思い、なかなか受け入れることができなかった。

私は心理療法という仕事が好きで、やりがいを感じていたので、「私から仕事を取ったら何も残らないのに」と、仕事で理不尽な目にあったくらいで耐えられなくなる自分を責めた。

◉私に「人生の課題」を伝えてくれた二つの夢

そうした中で、私は立て続けに二つの夢を見た。

一つ目は、「小さい頃住んでいたマンションにいると、洪水になり、下の階からどんどん水に沈んでいく。ついに今いる自分の階まで水が押し寄せて溺れてしまう」という夢。二つ目は、「私は穴の底で化石になっている。すでに骨の状態で、地面に貼りついている。穴の上には青空が見えて、私は穴から出たい、青空の方向へ行きたい、と願うけれども、地面に身体が貼りついていて動けないので、青空を見上げることしかできない」というものだった。

どちらも起きたとき、苦しい感覚が生々しく身体に残っていた。一つ目の夢は溺れて息ができないのが苦しかったし、二つ目の夢は身動きできなくて苦しかった。私には二つの夢が、「このまま今の職場にいたら苦しくて死んでしまう」という**今の状態を無意識がイメージを通じて伝えてくれている**ように感じられ、仕事を辞める覚悟を決めた。

ただ、それまで自分がまがりなりにも懸命に取り組み、それなりの自信も持っていた仕事で挫折を味わったことで、私は敗北感でいっぱいになり、これからどうやって生きていけばよいのか、まったくわからなくなった。

「がんばってきたのに、どうして報われないんだろう」、「私にも価値があるかもしれないと思えるものが仕事だったのに、それがダメなら、こんな私に生きていく意味はあるのか」、「私は負けたんだ」――、そんな気持ちだった。方向喪失し、糸の切れた凧のような状態だった私がふと思い出したのが、年の初めに見たチューリッヒのグロスミュンスター大聖堂の壁を登る夢である。

私は父親との関係に難しさを抱えていて、そのことが自分の人生に少なからぬ影を落としていることに気がついていた。

父親との関係が複雑になったのは、スイスのチューリッヒで生活してからである。だから、チューリッヒには、何か大きな忘れ物をしてきた感覚がずっとあった。

そんな私が、夢の中で、スイス人の男性に手伝ってもらって、チューリッヒの街のシンボルともいえる大聖堂の壁を登ったわけであるから、それはとても象徴的なことに感じられた。**見た時にはよくわからなかった夢が腑に落ちて、意味が立ち上がってきた瞬間**であった。

この夢を通じて私が感じたのは、私には**まだ取り組んでいない課題**――おそらく父親との関係に関すること――があること、そしてその課題に取り組むために、チューリッヒにもう一度行くことが自分にとって大事なことなのではないか、ということだった。

私は夢に後押しされるかのように、これまで頭の片隅にありながらも棚上げしていたユング研究所への留学を具体的に考えて準備を始め、2年後の2017年春、ユング派分析家の教育訓練候補生として再びチューリッヒの地を踏むことになった。


今振り返ると、私にとって転職の失敗とそこでの挫折は必要なことだったのだと思う。苦しく、傷つく体験ではあったが、あのとき完膚なきまでに叩きのめされて負けなければ、私は夢に導かれて、スイスのユング研究所に留学することはなかった。

当時の私は、そこまでよく夢を理解できていたわけではなかったが、土壇場で**無意識からのメッセージに耳を傾け、それを信じて行動したことで新たな道が開けた。**徹底的に敗北したからこその捨て身の選択だったが、自分にとって正しい選択だったと感じている。

第2章

内なる住人の声を聞く

—ユング派の夢分析—

失ったものは戻らない

◉ユング派の心理療法は「失敗する前の状態」に戻す方向付けをしない

失敗や負けをきっかけに心理療法にいらしたクライエントさんは「前の状態に戻りたい」、「なくしたものを取り戻したい」と言われる方も多い。

けれども、ユング派の心理療法では、あまり失敗や負けを経験する前の状態に戻す方向付けをしない。少なくとも、私はそうである。

もちろん、クライエントさんがそう望んでいる間、一緒に道を歩く伴走者の立場である私は、その願いに耳を傾け、尊重してついていくが、私自身はクライエントさんを「元の状態に戻す」ことを目指していない。厳しいようだが、**結局のところ、一度失われたものが元に戻ることはない**と思うからだ。

考えてみれば、私たちは皆生まれてから死に向かう一本道を歩いていくわけで、寄り道や道草をすることはあっても、引き返すことはできず、今日が死ぬまでの間で一番若い日であることは誰にとっても変わらない。
生物学的にも、私たちの身体の細胞は3か月もすればすべて入れ替わるといわれており、実質的に別人に変わっていくわけであるから、人間の生というものは、常に変化していくことと同義であるといえるのではないだろうか。

クライエントさんたちは、縁あって出会った方々なので、彼らの願いはできる限り叶えたいと思っている。もし元の状態に戻ることがその方の願いであるならば、そうしてあげたいとは思う。しかし、残念ながら私は神様や魔法使いではないので、時を戻すことはできない。

どのようなクライエントさんに対しても私が願うのは、**その人が自分なりの人生を全うすること。**そのために私にできることは、その人が元に戻りたいと願うに至った苦しく、悲しい物語を聞き、再生の物語を紡いでいくために隣を歩いていくことだけである。

苦しく、悲しい物語が再生の物語へと変化し、「個性化」の道を歩んでいくためには、元に戻りたいという願いを手放し、今の自分を引き受けていかねばならない。それは一朝一夕にできることではないので、ユング派の心理療法では、主に夢が発するメッセージを聞きながら、その方のペースで少しずつ進めていくことになる。

◉夢は無意識からのメッセージでありオリジナルの素材

人が夢を見るしくみについては、科学的に説明できる部分もある。けれども、科学的には今のところ、夢を見るのはなぜなのかを十分に説明することはできていない。

ユング心理学では、その「なぜ」について一つの説明を試みている。具体的には、夢は、**夢を見た人が自分のこころの状態について理解を深め、よりバランスの取れた人格を発展させていくための「無意識から意識へ向けたメッセージ」である**と考えている。こころは、その人が自分の可能性を最大限花開かせ、より豊かな人生を送ることを望んでおり、そのために夢を通じてメッセージを送っている、ととらえているのだ。

第1章でも指摘したように、無意識からのメッセージを聞くために、ユング心理学では主に夢を分析する。

「夢は無意識に至るための王道」と述べたのはフロイトであるが、ユングも同じように夢をとらえていた。起きている状態での空想や想像やイメージ、絵画や彫刻といった創作物にも無意識からのメッセージは含まれているが、夢は夢を見ている人が無意識の状態で見るものなので、無意識のメッセージが最もダイレクトに反映されている素材であると考えられる。

また、**夢はその人だけのオリジナルの素材**でもある。

例えば、この世にはたくさんの人がいるが、同じ夢は一つとしてない。少なくとも、私がこれまで仕事をしてきた中では、（似ているな）とか（提示しているテーマが同じだな）と感じることはあっても、誰かとまったく同じ夢を語ったクライエントさんに出会ったことは一度もない。

私はこのことに不思議な感動を覚える。**それぞれの人に個性があって、それぞれの人生があることの証**だと思えるからである。

だから、ユング心理学において夢分析は、無意識からのメッセージに耳を傾けるうえで、最も重要かつ中心的な方法となっている。

ユング派の夢分析は共同作業

◉治療者とクライエントの関係が対等でフラット

これは〝心理療法に来られる方あるある〟なのであるが、心理療法家である私のことを「治す人」、自分のことを「治される人」だと思っていることが多い。

特に日本では、「治療者＝偉い人」のようにとらえている方によく出会う。

おそらくそれは、これまで病院や学校などで「先生」と呼ばれる存在に取ってきた態度と同じもので、**無意識に上下関係を設定してしまっている**のであろう。また、日本語には敬語があるので、英語などの言語に比べると、「目上－目下」、「年上－年下」のような上下の距離感ができやすいなと感じる。

このようなクライエントさんとお会いすると、私は（別に自分はそんな敬意を払ってもらうような大した人間でもないのになあ）と何だかとても申し訳なくなってしまう。

私は、駐在や留学などで海外で過ごした時間が長く、自分自身の個人分析やクライエントさんたちとの個人分析など、ユング派分析家資格取得のための全教育訓練過程もスイスで行っている。こうした経緯もあって、私にとっては**治療者とクライエントの関係が対等でフラットであることが自然**である。

しかし、ユング派の分析家資格を取得して日本に帰国したら、また心理療法で「先生」と呼ばれる日々が始まり、(ああ、そうだ、日本では私は先生と呼ばれる存在なんだった)と、まだ戸惑いがぬぐえない。

ユング心理学は西洋の心理学で、ユングの母国語もドイツ語であるから、やはりユング心理学における治療者とクライエントの関係は西洋的な感覚が反映されている。ユング心理学において、治療者とクライエントの関係は対等なものとしてとらえられている。私の個人分析家やスーパーバイザーたちも世界的に名前を知られていて、年齢も70代くらいの方たちがほとんどだったが、経験値や年齢が離れた私のことをごく自然に対等に扱ってくれ、自分たちとは違う知識や文化を持つ人として一目置いてくれていた。

私は別に日本の治療関係を否定したり、批判したりしたいわけではない。それは日本の文化を反映したものなので、それはそれでよいと思う。

ただ、ユング派の心理療法や個人分析においては、治療者とクライエントとの共同作業が重要になってくるので、**クライエントさんが過度に受け身だったり、治療者の側が威圧的で、自分の解釈を押し付けるような態度だったりするとうまくいかない。**

だから、私に「さあ治してくれ」と言わんばかりの人や、私の言うことをまるで教祖様や偉いお医者様のありがたいお言葉のように受け取る人に対しては、私はなるべく名字ではなく下の名前で呼ぶようにし、「あなたはどう思いますか?」と尋ねて、自分で主体的に考えてもらうところから始めている。

日本の文化や言語をふまえると、なかなかすぐにフラットな関係になることは難しく、まずはちょうどよい距離感を探っていく必要があるなと感じている。

夢の答えはその人の中にある

◉夢分析は「その人にとって意味があるか」という視点が重要

ユング派の心理療法を行う際の私の基本的スタンスは、**「答えはその人の中にある」**である。

どういうことかというと、私が答えを知っているわけではなく、クライエントさんの中に答えがあって、それを一緒に探していく、というイメージだ。

人生における問いや疑問には、唯一絶対の答えや正解はない。たとえ他の人には当てはまらなかったとしても、**その人にとってしっくりくる答えを探すことが大事で、それが見つかってくると、起こったことの意味が立ち上がってくる。**

人生には「どうして自分に」と思うような理不尽な出来事が起こるが、それに対して自分なりに納得できる意味を見つけることができれば、それはその人にとっての答えとなり、多くのことを耐えやすくしてくれると思う。

このスタンスは夢分析においても同じである。

私の場合、まずクライエントさんにどのような夢を見たのかを語ってもらい、その夢をどう感じたか聞くところから始める。私が別の感じ方をしていたとしても、基本的にはクライエントさんの感じ方のラインに沿って分析していくスタイルを取っている。

分析していく中で、「私はこうなんじゃないかと思う」、「こんなとらえ方もできるかもしれない」などとお互いの夢に対する意見を出し合い、クライエントさんの腑に落ちる物語を話し合いながら一緒に紡いでいく。

夢を見た人の意見を聞かずに、私の解釈を押し付けることはない。夢は、夢を見た人の中から生まれてきたものなのだから、**自分にとってしっくりくる答えに一番近いところにいるのは本人のはず**である。

ユング派分析家になるための教育訓練中、私のクライエントさんの夢をスーパーバイザーのユング派分析家に見てもらうとき、「私はこの夢をこうとらえているんだけど」と話すと、必ず「クライエントさんは何て言ってるの？」と聞かれた。

私が「クライエントさんはこう言っている」と言うと、スーパーバイザーは「じゃあ、そっちだね」と、いつもクライエントさんの意見のほうを重視しながら分析していった。

実際、そうしたほうがクライエントさんの腑に落ちる夢の分析になる。クライエントさんの腑に落ちたとき、その夢はクライエントさんにとって意味のあるものになる。

夢分析は、合っているか間違っているかではなく、その人にとって意味があるかないかが重要なのである。そうでなければ、夢分析は、夢の解釈を一方的に提示する夢占いのサイトやアプリと何ら変わらなくなってしまう。

夢を見た人が夢の意味を感じられて、それが自分自身や自分の生への理解を深めてくれるものならば、それがその人にとっての答えなのである。

夢の中の登場人物

◉こころの中には、さまざまな「矛盾する自分」が住んでいる

こころは家としてイメージできるという話をした。その家の中には「私」が住んでいるわけだが、実は「私」の他にも一緒に住んでいる人たちがいる。中でも、声の大きい人や目立つ人たちがいて、そういう人たちは夢の中にもよく登場する。

ユングは、私たちが自分で「私」だと思っている人を「自我」、そして**「私＝自我」の他に自分の中に住んでいる住人のことを「コンプレックス」**と呼んだ。

「私＝自我＝こころ」と思っている人も多いが、ユングの考えでは、「自我」はこころのごく一部に過ぎない。つまり、「私」（＝自我）は家（＝こころ）が自分だけの家だと思っていて、自分だけが住んでいると思いがちであるが、実は「私」がいるのは広い家の中の一部屋に過ぎず、他にたくさんの部屋があって、「私」以外のたくさんの人たちが一緒に住んでいる。

「コンプレックス」は、日本では一般的に「劣等感」と意味が混同されているが、ユング心理学における「コンプレックス」は劣等感という意味ではなく**「感情を核にしたイメージや記憶の集合体」**を指す。

「コンプレックス」は、ユングが1906年に言語連想実験という研究を通じて発見した概念で、ユング心理学の中でも鍵となる概念の一つである。このためユングは、自分の心理学を最初**「コンプレックス心理学」**と名付けようとしていたほどである。

そもそも「コンプレックス」は、英語で表記するとcomplexとなり、「複雑な」、「入り組んだ」、「集合体」という意味の名詞もしくは形容詞である。

日本でも、複数のスクリーンを持つ映画館をシネマ・コンプレックス（シネコン）、アトリエやギャラリーなど複数のアートスペースが集まった施設をアート・コンプレックスと呼ぶが、ユング心理学のコンプレックスも、こちらに近い概念である。

コンプレックスには、**トラウマを契機として形成されるもの**と、**人類に共通する普遍的な無意識によって形成されるもの**の二種類があると考えられている。

前者は、例えば、いじめられた人がそれ以降、また同じことをされるのではないかと他人を怖がる、といった場合である。これは、他人と出会うと、いじめられた時の恐怖を核としたコンプレックスが立ち上がり、他人を信頼したり親しくなったりすることを阻害する、ととらえられる。

後者は、その人の個人的な経験や記憶に基づいて形成されるコンプレックスではなくて、人類に普遍的なコンプレックスである。

ユングが後者の普遍的なコンプレックスの存在に行き当たったのは、彼が主に治療にあたっていたのが統合失調症の患者だったためである。

統合失調症は、考えや気持ちがまとまらない状態が続き、幻覚や妄想の症状が見られる精神疾患である。ユングは統合失調症の患者と関わるうち、彼らが語る幻覚や妄想は神話と類似しており、その人個人の経験や記憶から説明することはできないことに気がついた。

それゆえユングは、**無意識には、個人の経験や記憶から形成されている個人的無意識の部分以外に、人類に共通する無意識の部分である普遍的無意識がある**ことを提唱した。

個人的無意識の内容は、個人の経験や記憶によって獲得されたものであるが、普遍的無意識の内容は、人類の歴史が始まって以来、先祖から子孫に脈々と受け継がれてきたものである。だから、普遍的無意識を前提としたコンプレックスは、人類が共通に抱く感情を核として立ち上がってくるものととらえられる。

コンプレックスは、意識から遠ざけ、排除しておきたい感情を核にして形成されているため、普段は自我によって抑えられていて無意識にいる。

しかし、**無意識下で力を蓄えて強力になるコンプレックスもあり、そうしたコンプレックスが時折自我の統制を外れて暴走することがある。**この暴走が激しい場合は、コンプレックスが自我の座を奪って、人格を乗っ取ってしまうこともある。

私は、激しい感情が引き起こされた結果、コンプレックスに人格が乗っ取られた人をたまたま目にする機会があったが、その人が目の前でほんの数秒前とまったく別人のようになってしまい、驚きを通り越して背筋が凍った。コンプレックスがいかに私たちのこころの中で力をもった存在であるかを身をもって実感することになったのであった。

ユング心理学の「コンプレックス」の概念からわかることは、**私たちは首尾一貫した単一の存在ではない**ということである。

私たちの中には、互いに矛盾するようなさまざまな自分が住んでいる。正しくありたい自分、他人のことなんてどうでもいい自分、強い意志を持つ自分、情けない自分――、そのどれもが自分で、時と場合によっていろいろな自分が顔を出す。

時には、「こんな自分は知らない」というような、自分でも驚くような自分が登場することもある。**人は自分で思うよりも、ずっと複雑で、善悪では割り切れない、矛盾に満ちた存在**なのである。

ユングは、このような私たちのこころの中のさまざまな住人を、いくつかにカテゴライズして理解した。こころの中の住人たちを人格化して分類し、それぞれに名前を付けたのである。**「影」**、**「アニマ」**、**「アニムス」**、**「ペルソナ」**、**「老賢者」**という分類名が特によく知られているので、ここではそれらについて取り上げていきたいと思う。

影
～自分が知りたくなかった自分～

◉「影」が投影された人や物に抱くネガティブな感情

影は簡単にいうと、**私（＝自我）が知りたくなかった、もしくは知らない自分**の総称である。夢にも登場することが多いが、こころの家の中でいうならば、「私」の部屋から遠い部屋や、入ったことのない部屋に住んでいる人たちということになるだろうか。

「私」にとって望ましくない願望や欲求を封じ込めることを「抑圧」というが、影はこうした抑圧された願望や欲求、非倫理的な思いや未分化な衝動によって構成されている。まるで地面に映った影のように、普段の生活においては表に出ず、意識されることもないので、多くの場合、私たちは自分の影がどのような姿かたちをしているのか、**「投影」**を通じて知ることになる。

投影というのは、外側にある物事をスクリーンにして心の中の要素を映し出すことである。こころの家のたとえでいうならば、家の中にいる人や物に光をあてて、家の外にいる人や物に影絵のように映して重ねるイメージだろうか。

影は「生きられていない私」であり、ほとんどの場合、「私」にとって不都合なものなので、それが「投影」された人や物は、「私」にネガティブな感情を抱かせる。

例えば、いけ好かない芸能人を思い浮かべてみてほしい。別に個人的に親しいわけでもないのに、なぜか好きになれない人が誰にでも一人はいると思う。なぜ好きになれないのか考えてみると、「媚びている」とか「無礼」とか、いろいろな理由があるだろう。でも、その芸能人へのネガティブな気持ちは、あなたの影の要素が投影されたものである可能性が高い。その芸能人を「媚びている」、「無礼」と感じるのであれば、あなたが実は人に媚びたり、無礼な態度を取ったりしてみたい、あるいは、媚びたり無礼に見られることを恐れずに自由にふるまってみたい気持ちが潜んでいるのかもしれない。

◉「生きられていない自分」を知るプロセスは生涯続く

影は、地面に映った影のように、「私」と対になる存在なので、**夢の中に登場する影は夢を見ている人と同性の人物の形をとって現れる**とされている。割とよくあるのが職場や学校の同性の友人や先輩・後輩などの形をとるパターンである。この場合、現実の世界でのその人物との親しさはあまり関係がなく、話したこともないような同級生が登場したりする。私の夢にも、もう何年も会っていない同級生の女性が何度も登場したことがある。

ただし、日本の文化的背景をふまえると、影や、この後に言及する「アニマ」、「アニムス」が性の固定的なイメージと結びついているところは、日本人の夢を分析するうえでそぐわないところもあるように感じる。**日本人の夢では、「影」が必ずしも夢を見た人と同性という形で登場するとは言い切れないのではないか**ということである。

西洋のキリスト教文化においては、日本よりも性別による区別が明確であるし、男女を二項対立的にとらえている。ユングの生きた時代は、今よりもそれが色濃かったわけなので、ユングの思想もそうした性意識を反映したものになっている。

ただ、影の概念自体は夢分析に役立つ。ユングの高弟フォン・フランツ（176ページ参照）は晩年、彼女がどんな夢を見るのか聞かれ、「影、影、影よ！」と答えたと伝わる。**私たちはどこまでいっても自分を完全に知ることはできず、影を通じて「生きられていない未知の自分」を知るプロセスが生涯にわたり続いていく**ということなのだろう。

アニマとアニムス
～こころの中にある異性の部分～

◉夢の中で異性の人物として人格化されて登場する

もしかしたら「アニマ」はユング心理学で最も知られている概念かもしれない。古代ギリシア語で「魂」の意味だが、ユング心理学では独自の意味で使用されている。

ユングが「アニマ」と呼んだのは、男性のこころの中にある女性的な部分である。**「アニムス」はその逆で、女性のこころの中にある男性的な部分**を指す。ユングの考えでは、男性も女性も、それぞれのこころの中に異性の部分を持っており、それが夢の中では異性の人物として人格化されて登場する。

「影」は、夢を見た人の個人の要素によって構成されている部分が大きいが、アニマとアニムスは個人的な要素だけでなく、**「元型」**と呼ばれる非個人的な要素からも構成されている。

元型はこころの家のイメージでいうと最下層にあって、こころの古い層である「普遍的無意識」の構成物である。

普遍的無意識は、何万年にもわたる人類に共通する知識や経験が蓄積されている場所であるから、その構成物である元型は、**時代や文化を超えた共通のイメージや感情を生み出す源泉**といえる。

したがって、アニマやアニムスが夢の中の登場人物として現れるとき、単に女性や男性、親や兄弟姉妹、異性の友人といった個人の記憶や経験に基づいた形だけではなく、人類の男性全体の女性的なもの、そして人類の女性全体の男性的なものに対する記憶や経験の集合体として、神や天使、悪魔といった超越的な存在の形をとることもある。

ユングは男性だったので、アニムスよりも「アニマ」のほうにより関心を持っていた。「アニムス」のほうは、ユングの弟子の女性たちによってより深く研究され、発展していくことになった。

◉夢の登場人物がどのような性質かを見ていくこと

ユングによれば、「アニマ」は、蠱惑《こわく》的な娼婦のような肉感的な姿から神聖な女神のような姿まで、さまざまな女性の姿形をとって夢を含めた男性のイメージの中に現れてくる。男性のこころの発展に伴い、**アニマも最初の肉体的な女性からだんだんと霊性や知性を備えた女性へと成熟していく。**

「アニムス」も同様に、力強い男性から頼りになる精神的指導者まで、さまざまな男性像の形をとって女性の夢やイメージの中に登場する。そして、アニマと同じく、女性のこころの発展に伴って、**アニムスも次第に当初の肉体的に力強いだけの男性から高い精神性を備えた男性へと成熟していく。**

ただし、影と同じく、アニマもアニムスも西洋文化を背景とした性別のとらえ方と深く結びついた概念であるため、西洋とは異なる文化圏の人たちや、多様なジェンダーアイデンティティやセクシュアリティを持つ人たちなどに必ずしも当てはまらないところがあると思う。

また、ユングは「アニマ」は男性の劣等機能である感情や関係をつないでいく機能（エロス）、「アニムス」は女性の劣等機能である精神性や分離機能（ロゴス）が具現化したものだとも指摘しているので、現代的な感覚に照らすと、男性と女性の双方に対する性差別ではないかと批判されることもある。

さらにいうと、ユングは、アニマにもアニムスにも四つの発達段階があると考えてい

て、夢には最初に「影」が登場し、影の提示する課題が十分に達成されると「アニマ」や「アニムス」が登場する、というように、夢にも発達段階があるととらえていた。

こうした**線形の発達図式**は、日本人である私からすると、とても西洋的な物事のとらえ方に思える。「アニマ」や「アニムス」が段階を踏んで発達していく、という考え方は、西洋人には当てはまる場合も多い気がするが、日本人の夢を分析する際には、必ずしも当てはまらないと感じる。日本人の夢分析経験が豊富な私の個人分析家も、**「日本人の夢って、あんまりはっきりとしたアニマとかアニムスが登場しないよね」**と言っていた。

私自身は、夢分析の際、女性の夢に登場する女性の人物は「影」で男性は「アニムス」、男性の夢に登場する男性の人物は「影」で女性は「アニマ」というような一対一対応ではとらえない。私の経験では、影もアニマもアニムスも、夢を見た人の性別に関わりなく登場するし、また「影」が必ず同性、「アニマ」、「アニムス」が必ず異性の形をとるということもないように思う。

ただ、クライエントさんと一緒に夢を分析していくとき、**夢の中に出てくる登場人物がどのような性質を持っているのかを見ていくことは大事**で、その際に「影」や「アニマ」、「アニムス」という概念は、夢を理解するうえでとても参考になると考えている。

ペルソナ
～社会で求められる役割を演じる自分～

◉社会の要請にこたえているうちに「本当の自分」を見失うことも…

日本では同名のシリーズ化されている有名なロールプレイングゲームがあるので、「ペルソナ」と聞くとそれを連想する方もいるかもしれないが、ペルソナは、もともと古代ギリシアで役者が役を演じるときに付けていた**仮面**を指す。ユング心理学の「ペルソナ」の概念は、その仮面に由来していて、私たちが社会の中で生きていくうえで付ける仮面、すなわち**自分の外の世界に向けられた顔**を意味している。

私たちはそれぞれが社会の要請に応え、社会の枠組みに合わせて生きていかざるを得ない。密林の奥地や無人島などで一人で自給自足生活をするのでない限り、人間は社会集団の中で生活することを余儀なくされ、そのためには人間が作った社会のルールに適応しなくてはならない。

けれども、ルールは私たち一人ひとりに合わせて作られていないので、**社会と自分と**

の間には、どうしても齟齬《そご》が生まれる。

この齟齬を埋めるために、人はペルソナという仮面をかぶって、社会に求められる役割を演じようとする。日本語の表現で、本来の姿や本性を隠しておとなしそうなふりをすることを「猫を被る」というが、「ペルソナを付ける」ことは、これと似た感じがあるかもしれない。

ペルソナを付けること自体は、社会で適応的に生きていくためだったり、自分を守るためだったりするので、別に悪いことではなく、誰もがやっていることだ。

しかし、ずっとペルソナを付けているうちにその状態が習慣化し、**ペルソナと一体化してしまって、本当の自分がわからなくなったり、自分を見失ったりしてしまうことがある。**

例えば、本来感情が豊かな人なのに、感情を排して合理的に決断することを求められる仕事をしているうちに、その仕事の仮面に人格が乗っ取られたような状態になり、プライベートでも冷徹にふるまうようになる、といったことが起こる。夢の中では、こうしたペルソナが人格化されて登場することがある。

ユングによれば、ペルソナと補い合う補償関係にあるのが「アニマ」や「アニムス」である。

伝統的に、女性は対外的には女性らしさや女性らしい態度のペルソナを付けることを要求され、男性は対外的に男性らしさや男性らしい態度のペルソナを付けることを要求される。しかし、女性の内面には男性のアニムスが、そして男性の内面には女性のアニマが住んでいるので、**内と外のバランスを取っていくことが重要な課題**になっていく。

老賢者
～自己へと導く「内なる先導者」～

◉心理的課題に取り組んだ後、知恵ある導き手が現れる

「老賢者」は、夢の中で、魔法使いやシャーマン、聖職者、教師、おじいさんやおばあさんなど、権威のある年上の人物の姿をとって現れる。**年を重ねていて、豊かな知識や知恵を持っており、「個性化」の導き手の役割を果たすことが多い。**

ユングは自身の夢やイメージに登場する老賢者二人を「フィレモン」（片足が不自由で翼のある精霊）と「カー」（土、あるいは金属のデーモン）と名付け、こころに住む**内なる先導者**として大切にした。彼らはユングが創り出したわけではなく、自らユングのこころの中に生じた自律的な人物であり、両者はのちに統合されていくことになる。

老賢者は、影やアニマ、アニムス、ペルソナが提示する心理的課題と十分に取り組んだ後に登場することが多いとされ、**「自己」**が人格化された姿ととらえることができる。

自己とはユング心理学が提唱する元型の一つで、**「セルフ」**とも呼ばれるが、自我と

は区別される概念である。自我は意識の中心に位置しているが、自己はこころ全体の中心にある。特に中年期以降、**人生の後半では、こころの小さな部分の中心である自我ではなく、こころをトータルで見たときの中心である自己の導きにゆだねることが大事に**なってくる。自我には見えていない可能性を自己はとらえており、そちらへ導こうとしてくれる。夢に現れる老賢者は、そのことを私たちに伝えているととらえられている。

ユングは、自我と自己の関係を表すこんな夢を見ている。

「**小さい礼拝堂に入ると、祭壇の前の床の上に、私のほうに向かってヨガ行者が結跏《けっか》趺坐《ふざ》をし、深い黙想にふけっている。近づいてよく見ると、ヨガ行者は私の顔をしていることに気がついた**」――。

目覚めたとき、ユングは、自分は彼（自分の顔をした黙想し夢を見ているヨガ行者）の夢の中の登場人物なのだ、という感覚を持つ（ユング、1973, p.169）。つまり、夢の中のヨガ行者は自己が人格化したもので、「自己」は「自己」として自律して動いていて、「自我」を見つめていることを示唆している。

このようにユング心理学で自己は自我を超える存在で、自我を見守る導き手の役割を果たすと考えられている。

自己（セルフ）とマンダラ

◉円や正方形のイメージで夢に現れる自己（セルフ）

「自己」は人格化されずに、円や正方形といったイメージで夢に現れることもある。

これまで何度か指摘したように、ユング心理学では、物事を部分ではなくトータルで見ることを大事にしている。このことを**全体性**というが、円や正方形は全体性を象徴する図形であると考えられている。

そして、「自我」と「自己」の関係で考えると、自我はこころの中の意識という部分の中心でしかなく、自己はこころをトータルで見たときの中心であるから、自己が全体性を象徴する円や正方形のイメージとして夢に登場するのも理解できるのではないだろうか。

古来より、**円は始めも終わりもなく、歪みや破綻もない完全な図形**だととらえられてきた。地球や月、太陽なども円の形をしているし、「循環」や「サイクル」のように、生命がめぐったり、時間が連続して永遠に流れていく様も円のイメージでとらえられてきた。日本語で穏やかになることを「丸くなる」といったり、穏やかで調和が取れていることを「円満」と表現したりすることからも、円は一つの**到達点**を表すイメージだといえると思う。

正方形は、あらゆる形の中で最も完全な形態であるといわれる。私たちは、春夏秋冬、東西南北など、物事を四つに分けてとらえることも多く、身の回りのものも本やスマホなど、四角いものが多い。例えば椅子も三本足のものよりも四本足のもののほうが安定する。中でも正方形は四つの角と辺がすべて等しい四角形であるから、**安定**や**安心**を感じられる図形だと思う。

◉自己を象徴するイメージとしてのマンダラ

ユング心理学では、円や四角を使用している**マンダラ**が**「自己」を象徴するイメージ**として言及されることが多い。

マンダラはサンスクリット語で「まるいもの」という意味で、仏教の一流派である密教の修行のために生まれ、密教の教えを図示している絵のことである。マンダラでは、円や正方形の図形の中に、さまざまな菩薩や如来といった仏様が配置されている。

最近では、マンダラも世俗化されて、ストレス解消やリラクゼーション、認知症予防につながる大人の塗り絵としてマンダラの塗り絵が注目されたり、マンダラのデザインを基にして作られたビジネスやスポーツの目標設定シートであるマンダラチャートが話題になったりしている。

このことからは、マンダラがどこか私たちのこころを支え、導いてくれるイメージとして現代にも息づいていることを示しているといえ、自己のイメージと重なると思われる。


ユングにとって、フロイトとの決別を契機に陥った長い精神的危機の時期を脱するきっかけとなったのが**マンダラを描く**ことであった。ユングはこの時期に多くのマンダラの絵を描いたが、つき動かされるままひたすら描いているうちに、**自分がこれまでやってきたことや、たどってきた道がすべてつながっていき、中心へと導かれていくような感覚**を持つようになった。

この経験はユングに、マンダラはこころの中心である自己を表現しているという洞察をもたらすとともに、彼のこころを安定させることにもなった。

この経験をして何年か経った1927年に、ユングは中心に向かって放射状に広がった街の夢を見る。

その街はリバプールで、ユングは雨の中、**街の中心**に向かって歩いていく。街の中心に着くと、そこには**四角い広場**があり、広場の中央には**円形の池**があって、その池の中央には島があった。そして、その島には一本の赤い木蓮の木が立っていた。その島と木の美しさに目を奪われたところで、ユングは夢から目を覚ましたのだった。

リバプールはイギリスに実際にある街の名前であるが、ユングにとって大事だったのは、リバプールは英語で書くとLiverpoolで、「命（live）の池（pool）」という意味となり、またliverは肝臓の意味もあって、肝臓は古来より「命のある場所」であると考えられてきたことだった。

このため、この夢の中でユングは、どうやら生命に関することを表す場所で、中央に向かって進んで行っていることになる。夢の中のリバプールの街は、四角や円を繰り返したような構造になっており、まるで立体的なマンダラのようであった。

この夢によってユングは、**自己とは中心であり、そこを目指していくことが人生を方向付け、意味を与えてくれるのだ**と得心したのであった。

ユングは、この夢の最初の部分で、自分が雨の中を歩いていた様子は、その頃の現実の自分の状態を表していたと述懐している。

この頃のユングには、すべてのことが不快で、黒く、くすんでいるように感じられていた。けれども、この夢の中で街の中心にある美しい島と木を見たことで、ユングは生きていくことができたと述べている（ユング、1972, p.282）。

おそらく、ユングはこの夢を通じて、自分が何か美しいもの（自己）に向かって歩いているのだという実感を得ることができたのであろう。それは、古の船乗りが闇夜に北斗七星を目印に進んだように、ユングにとって暗闇の中の道しるべとなったに違いない。**たとえどんなにしんどくても、今の自分の歩みが美しい何かにつながっていると信じられたのなら、そのしんどさには意味と方向性が与えられ、耐えやすくなる。**

私はユング心理学のことをよく知らない日本人のクライエントさんが、ユングのこの実感と同じことを語るのを聞いたことがあり、とても感銘を受けた。ユングの体験が、国や文化、時間を超えて共通する、普遍的なものであることの表れだと思う。

ユングは、この夢を見た後、マンダラを描くのをやめている。おそらく、夢を通じて、自分の中に目指すべき美しいものである自己を見出すことができたため、もうマンダラを描く必要がなくなったのであろう。

◉私たちの人生は大いなるものに導かれて生かされている部分もある

このようなユング自身の経験をふまえて、ユング派の夢分析では、夢でマンダラを思わせるイメージが登場すると、「自己」を示すイメージとしてとらえられている。

個人的には、自己のイメージはどこか一神教の神のイメージに近いと感じる。「自我」を私、「自己」を神ととらえるならば、自我と自己との関係は、**いつも私（自我）のことを見守ってくれている神（自己）**といった感じであろうか。

ユングが生まれ育ったのはキリスト教文化圏にあるスイスで、彼の父親はプロテスタントの牧師、自身もキリスト教徒として生涯キリスト教に対して心理学的な関心を寄せていたので、自己が一神教の神を彷彿させるのは当然のことなのかもしれない。

河合隼雄先生は、ユング派分析家資格を取得するための最終試験の時、「自己の象徴にはどんなものがありますか？」と質問され、「マンダラ」と答えておけばよいとわかっていたものの、森羅万象をイメージしてEverythingと答えたという（河合、2010, p.42)。

Everythingが森羅万象の訳語としてふさわしいかはさておき、日本は海に囲まれた島国で、火山が噴火したり、地震が起きたり、自然の超越的な力を常に感じる場所である。そういう場所に生まれ育った日本人は、自然を大いなるものとしてとらえ、自然に包まれている感覚をどこかで持っているのだと思う。

だから、日本人の場合、自己を一神教の神のような存在としてよりも、私たちを包み込む森羅万象としてイメージしたほうがしっくりくるかもしれない。

ユングは自伝の中で、人間にとって何かを変える決定的なものがあるとすれば、それは**無限のものとの結びつき**を感じられるようになるかどうかだと述べている。けれども、それは人間が自分を**限られた存在**だと知っていなければ意識できないことであるとも言っている。

ユングによれば、自己は人間の極限に位置し、その存在を知ることで、無限性へと開かれていくことになる。つまり、自己は、自分を限られた存在であると同時に、無限性をもった存在として経験させる。

夢分析を通じて自己に出会い、自分を超えるものがあるという感覚が得られると、自分が相対化されていく。自分の人生は自分個人のものでもあるけれど、大いなるものに導かれ生かされている部分もある――、すなわち、**自分の人生であって自分の人生でない、自分は世界の中心であって一部でしかない**、そういう矛盾した感覚を同時に持てるようになる。

そうなると、自分のいた小さな部屋を出て、世界の広さや深さを理解することができるようになるのではないだろうか。それが人生をトータルで見たとき、**自分の可能性を最大限、実現して豊かに生きること**につながっていくのだと思う。

再生の象徴と終わりなきプロセス

◉こころの発展とともに現れる子どもの夢

この章の最後に、再生の象徴について触れておきたい。

こころが発展していくと、それに呼応するように、再生の象徴の人格化としては赤ちゃんや子どもが夢に現れる。現実においても赤ちゃんや子どもは未来や希望を感じさせる存在であり、そうした場面に遭遇すると、「このクライエントさんの中で何か新しいものが生まれようとしているのかな」と感じることが多い。

長く苦しいプロセスを経て登場することも多いので感動的だが、別に「赤ちゃんや子どもが夢に出てきたら、それで解決」というような簡単な話ではない。再生のプロセス自体、一進一退で時間を要するし、前より少し生きやすくなったとしても、生きている限り新たな悩みは生まれてくる。**今の自分が死んで、少し生きやすい自分に再生していく**——そういう死と再生のプロセスを繰り返していくことが人生なのかもしれない。

◉こころの中の住人の声を聞き、自分の一部として統合を目指す

これまで見てきたように、私たちのこころの中には、さまざまな人たちが住んでいる。けれども、それにまったく気づかない人や完全に抑圧している人もいる。そういう人は、他人から見ると自分がなかったり、思考停止しているように映る。

そういう人は「投影する対象」として最適な存在となり、影やアニマ、アニムスを他の人から投影されて、一方的に嫌われたり、やたらとちやほやされたりするようなことが起こる。このようなことを防ぎ、他の人とより健康的な関係を築いていくためにも、こころの中の住人の存在に気づき、その声を聞いていくのは意味のあることである。

ユング心理学では、こころの中の住人の声を聞くことは、その存在を意識化していくこと、すなわち、**これまで無意識の領域にいた住人を意識の側に迎え入れ、自分の一部として統合していくこと**であると考えている。

それは、こころの意識の部分を広げていくことであり、自分や自分を取り巻く人や社会について、より理解を深めていくことでもある。ユング派の夢分析が目指しているのはそうした理解であり、それによって得られる安心なのである。

ただし、ユング派の夢分析によって自分の中の住人を知っていくことは、「楽しい」

とか「ためになる」とか「隠れた才能を知る」といったポジティブなイメージとは程遠いかもしれない。むしろ、自分の矮小さや限界を知ってガッカリすることがよく起こる。

私自身、長年の夢分析によって得たのは「自分はただの人間に過ぎないな」という理解であった。それは自虐やニヒリズム、悟り、あきらめ、達観とも違い、その事実をただただ深く受け入れる感じである。

ユング派の夢分析とは、意識したくないから無意識の部屋に押し込めている人たちと夢を通じて対話し、知っていこうとする営みなので、当然のことなのかもしれない。

知り合いのユング派分析家が、「同僚のホームページを見たら『**地獄への旅路を行く覚悟のある方はご連絡ください**』って書いてあった」と笑っていた。私は、地獄は言い過ぎとしても、自己理解を深めるということの本質はそういうことなのかもしれないなと思った。

誤解のないように付け加えておくと、ユング派の夢分析は決して楽な道のりではないが、面白さややりがいもある。知らなかったことを知るのは好奇心をくすぐるし、等身大の自分を知ることで世界が広がり、地に足をつけて生きられるように自分の基礎を作り上げてくれる。**大地を踏みしめて見渡す自分の生と自分をとりまく世界は、きっと今よりももう少し確かで、豊かで、安心できるものになっている**のではないだろうか。

第3章

人生の理不尽を引き受ける

―内なる親―

母親コンプレックスと父親コンプレックス

◉内なる住人の中でも大きな存在感を持つ親

この章では私たちのこころに住んでいる親について考えていく。章を設けたのは、私が心理臨床をしていて、親がいかに個人のこころに影響を及ぼしているかを感じる機会が多いからだ。内なる住人の中でも親の存在感や声は特に大きいことを日々感じている。

そこには、どんな人も親から生まれるということが関係しているのであろう。さまざまな事情で親に育てられなかった人もいるが、現実の世界に親がいなくとも内なる親はいる。**こころの中の親のイメージは生涯にわたり、その人に影響を及ぼすことになる。**

ユング心理学は個人を大事にする心理学だが、個人は単体として生きているわけではなく、社会という横のつながりと歴史という縦のつながりの中で生きている。自分に対する理解を深めていくには、自分がどのようなつながりの中にあるかを意識していくことが大切で、親は縦と横のつながりの中でも基点となる重要な意味を持っている。

ユング心理学では、こころの中に住む内なる親を、それぞれ**「母親コンプレックス」**、

「父親コンプレックス」と呼んでいる。

日本では、一般に、母親に似た人を好きになる男性を、マザー・コンプレックスを省略した「マザコン」、父親に似た人を好きになる女性を、ファーザー・コンプレックスを省略した「ファザコン」と呼ぶことがあるが、母親コンプレックスと父親コンプレックスは、これらとは区別される概念である。

コンプレックスは元々、劣等感という意味ではなく、感情を核にしたイメージや記憶の集合体を指すので、母親コンプレックスは**母親に対するイメージや記憶の集合体**、父親コンプレックスは**父親に対するイメージや記憶の集合体**ということになる。

ユングは、**個人の強い感情体験やそうした体験の積み重ねによってコンプレックスが形成される**と考えた。したがって、この感情体験がポジティブなものが多ければ、コンプレックスもポジティブな性質を持つようになるし、逆に感情体験がネガティブなものが多ければ、コンプレックスもネガティブな性質を持つようになる。

ユング心理学では特に母親コンプレックスと父親コンプレックスについて、ポジティブとネガティブに分けて論じられることが多い印象である。それだけ重要なコンプレックスということであろう。

ポジティブとネガティブな母親コンプレックス

◉ポジティブな場合、自己肯定感が高いケースが多い

伝統的に、母親は子どもを愛し、受け入れ、安全を守り、必要な栄養（母乳など）を与えて育てる役割を担ってきたので、母親コンプレックスがポジティブな性質を持つ人は、一般に、そのような経験を母親や養育者との間で積むことができたということを示している。

実際の自分の母親、もしくは母親的な養育者との関係が良好な場合が多く、そのイメージや経験が反映されているため、このタイプの人のこころの中に住む内なる母親もまた、その人の存在を受け入れてくれる存在である。

だから、こういう人は「ここにいてもよい」、「自分は受け入れられている」という感覚が自分のベースにある。**基本的に自己肯定感が高いので、心理的に安定している場合が多い**だろう。

たとえるならば、〝飛んだ先に自分を受け止めてくれる地面がある〟と信じているので、

〝見る前に飛ぶ〟ことができる人である。

◉ネガティブな場合、自分の存在基盤が不安定なケースが多い

反対に、実際の母親や養育者との関係が複雑で、良好とはいえないとき、母親コンプレックスはネガティブなものになりがちである。

ネガティブな性質の母親コンプレックスを持つ人は、「自分はみんなから否定されている」、「居場所がない」などと感じている。

こういう人は、自分のこころの中に住む「あなたなんかダメ」と批判する内なる母親の力が強いので、「自分はこの世界にいてもよいのだろうか」と**自分の存在基盤が不安定になる。**

このため、心理的にも不安定になる場合が多くなる。「どんなに評価されても、自信が持てない」とか「自分なんて、と常に自分を卑下する」といったタイプの人がこれにあたるだろう。こういう人は〝飛んだ先に自分を受け止めてくれる地面がある〟と信じられないので、〝見る前に飛ぶ〟ことはかなり難しい。

ポジティブとネガティブな父親コンプレックス

◉ポジティブな場合、社会参加に比較的良好に適応するケースが多い

父親コンプレックスは、社会での適応能力や社会性と関係が深いと考えられる。それは、父親が伝統的に社会と関わる存在で、子どもの社会参加を後押ししたり、社会的な解決策を提示したりすることを期待されてきたためだと思われる。

多くの人は、最初は母親や養育者と密接に過ごしていても、そのうち保育園や幼稚園、学校などへ行って集団生活を送り、仕事や育児などをするという形で社会に参加していく。こうした**社会参加に比較的良好に適応することができる**のがポジティブな性質の「父親コンプレックス」を持つ人だと思う。

内なる父親がポジティブで、社会生活で悩むことがあっても、「大丈夫」と後押ししてくれるので、このタイプの人は、「そんなもんでしょ」とあまり悩まずに集団生活に乗れたり、楽しめたりする。友人が多く、人好きがする人も多いかもしれない。

実際の父親や父親的なポジションの養育者との関係も良好である場合が多いと思われる。

◉ネガティブな場合、集団生活があまり好きではないケースが多い

対して、父親コンプレックスがネガティブな性質の人は、実際の父親や父親的な養育者との関係が、あまりよくない場合が多いように思われる。

父親や父親的養育者との間でネガティブな経験を積み重ねてきたので、いざ自分が社会参加するときに、ネガティブな父親コンプレックスが刺激されて、社会参加の手前で立ちすくんでしまったり、うまく社会活動に乗れなかったりする。**集団生活があまり好きではないとか、集団になじめず苦手に感じる人も多い**のではないだろうか。

こういう人の内なる父親はネガティブなので、ダメ出ししたり、批判したり、抑圧的な態度をとる場合が多いと思う。

母親元型・父親元型と現実とのズレ

◉コンプレックスは元型を核にして形作られている

母親、父親、それぞれのコンプレックスは、必ずしも個人の母親や父親に対するイメージや記憶だけで構成されているわけではない。

ユングは、コンプレックスは元型を核にして形作られていると考えていた。だから、母親コンプレックスの場合は**母親元型**が、そして父親コンプレックスの場合には**父親元型**が核にある。

このため、私たちは実際の母親や父親、もしくは養育者との経験に基づいた母親や父親のイメージや感情だけでなく、「母はこういうもの」、「父はこういうもの」という人類の間で受け継がれてきたイメージや感情も持ち合わせている。

このことが示しているのは、**子どもの親に対するイメージや感情が、実際の親との体験に還元できるとは限らない**ことである。

子どもは、母親元型や父親元型の生み出すイメージに影響を受け、そのイメージを実際の母親や父親に投影するということも起こる。つまり、親自身の個人の気質や性格だけが子どもに影響を及ぼすわけではなく、子どもは**自分のこころにある継承されてきた親のイメージにも影響を受ける**。

このため、子どもの持つ親のイメージは、実際の母親や父親と合致するとは限らず、**現実とのズレ**が生じる場合もある。こうしたズレに意識を向け、実際の母親や父親を受け入れていくことも、ユング派の心理療法が扱う重要なテーマの一つである。

同性の親とロールモデル

◉自分の相似形や未来の姿として見ている部分が大きい

実際の親や養育者だけではなく、**こころに住む内なる親は、その人にとってのロールモデル**でもある。ロールモデルは、その人の考え方や行動の規範となる人のことである。

実際の親や養育者は、その人が人生で最初に出会う他者であるし、生まれてから一緒に過ごす期間も長い場合が多い。だから、実際の親や養育者との経験、それに基づいて内在化された内なる親は、その人の人生を大きく規定すると思われる。

子は親の性質を受け継ぐという意味で使われる「この親にしてこの子あり」という言い方があるが、英語ではこれを子どもが男性なら“Like father, like son”、もし女性なら“Like mother, like daughter”という言い方をする。男性は父親、女性は母親、つまり子どもは同性の親に似る、という見方が反映された言い方だといえる。

親と子どもとの関係性の問題もあるし、近年はジェンダーやセクシュアリティに対する意識が高まっていることもあり、親と子どもの生物学的な性別が同一であることが必ずしも似た性質を持つことにつながるわけではないと思うが、**同性の親がある種のロールモデルになりやすい傾向がある**ことは確かだ。

ロールモデルは、別に常に「良いお手本」を指すわけではないので、親が反面教師となって、「ああはなりたくない」というロールモデルとなる場合もあるだろう。

心理臨床をしていると、同性の親に対して「母親みたいになりたい／なりたくない」、「父親みたいになりたい／なりたくない」と聞く機会が多いように感じる。

また、同性の親を比較的早くに亡くされたクライエントさんの場合、自分がその親の亡くなった年齢を超えられないのではないかと感じる人も多く、その年齢が近づいてくると不安定になったり、調子を崩したりする人が結構いる。

もちろん、これらは異性の親に対しても起きることなので一概にはいえないのだが、同性の親に対して語られることのほうが多い印象である。

やはり自分と同じ性別の親は、異性の親よりもどこか**自分の相似形**であり、**自分の未来の姿**として見ている部分が大きいと感じる。

異性の親とアニマ、アニムス

◉好意を持つ相手は何代にもわたって継承された要素も反映されている

私たちがどのような人を好きになるか、または魅力的に感じるかにも、親の影響が大きいところがある。

小さい子どもが異性の親に対して一時期、「大きくなったらママ（パパ）と結婚する」と言うのは、割とよくある話である。親はこの世界で初めて出会う同性、もしくは異性の他者であるから、親が〝世界を理解していくうえでの基礎〟となるのは当然のことである。

繰り返しになるが、現在はジェンダーやセクシュアリティ、そして生物学的な性別も固定的なものではなくなってきているため一概にはいえないが、**異性の親は、私たちのこころに住む内なる異性であるアニマやアニムスの土台**となっている。この意味においては、日本語で使われるファザコンやマザコンは該当するところもあるといえるだろう。

つまり、ある種の理想の異性像でもあるアニマやアニムスが、実際の母親や父親に似ている場合があるということである。

ただし、前述したロールモデルの場合と同じで、母親や父親が反面教師となって、アニマやアニムスは親と似ていない異性像となることもある。

いずれにしても、親が原型の一つとなってアニマやアニムスが形作られるわけだから、親が人の一生に与える影響は大きいなとつくづく思う。

ただ、ひと口に親と言っても、親は親の親、そして親の親はその親……という具合に、それぞれ親の影響を受けてきているわけであるから、私たちに対する親の影響は、その親個人だけにすべてを還元できるわけではない。

ユング心理学の「元型」の概念が示すように、**私たちが好意を抱く対象には、何代にもわたって継承されてきた要素が反映されている場合がある**ということだ。

親は「ガチャ」なのか

◉「出発した場所」を知らずに自分を理解することはできない

ここまで私は、親が個人の人生に与える影響の大きさについて、ユング心理学の観点から述べてきた。心理臨床では、最初はクライエントさんの問題意識や関心が親とはまったく別のところにあっても、心理療法を続けていくうちに親との関係に立ち返っていく流れになることはよくある。

イギリスの詩人T・S・エリオット（T. S. Eliot）の有名な詩に、「**すべての探究の終わりは、私たちが出発した場所へとたどり着き、その場所について初めて知ることである**（筆者翻訳）」（And the end of our exploring / Will be to arrive where we started / And know the place for the first time）という節がある。自分について理解を深めていくと、結局、親にたどり着くのだと思う。

親は「私たちが出発した場所」であり、そこを知ることなく自分を理解することはで

きないということであろう。

ただ、この「私たちが出発した場所」は、誰にとっても同じ、平等な場所ではない。私たちは、親を自分で選んで生まれてくることができないからである。

「別に頼んで生まれてきたわけじゃない」というのは、思春期の子どもが親に反抗する際に言う常套句であるが、正鵠を射ていると感じる。

◉ある意味において親子の絆は理不尽な運命

親を選べないことを、どのおもちゃが出てくるかは運次第の「ガチャガチャ」という自動販売機になぞらえて**親ガチャ**と形容する言葉がはやったが、どんな親のもとに生まれるかは、まさに運次第だなと感じる。

心理療法でクライエントさんたちの親の話を聞いていると、本当に千差万別だなと思う。クライエントさんとの相性や関係性もあるので、他の兄弟姉妹にとってはそこまでではなくとも、その人にとってはひどい親という場合もあって複雑である。

いずれにしても、親というのは選ぶことができないという意味において、その人にとって真に理不尽な運命であるといえるだろう。

第1章でユング心理学は「失敗し、負けたときのための心理学」と書いた。人生は成功したまま、勝ったままではいられず、失敗し、負けて立ち止まらなければならなくなるときが来るとも書いた。

でもそれは結局、強者の理屈だと言われてしまうかもしれない。しょせん一度でも成功したり勝ったりした経験のある恵まれた人の考え方だ、と。なぜなら、世に中には、「親ガチャ」で外れ、生まれたときから不遇な人生を歩まざるをえない人が少なからずいるからである。

そもそものスタートラインがまるで違うのに、「たとえ不幸な育ちでも、努力して成功した人はたくさんいる」とか「勝てないのは自分のせいだ」などと、彼らに自己責任論を押し付けるのは、あまりに無神経だと感じる。そういう人たちには、**「あなたに責任はないよ」**と言いたい。そして彼らの過酷な運命を社会の側も一緒に引き受けていかなければならない。ユング心理学やユング派の心理療法は、社会の側から彼らに差し伸べられる手の一つとしての役割を果たさなければならないと思う。

「親ガチャ」という言葉がはやる前にも、似たような**毒親**という言葉が耳目を集めた。

毒親というのは、一般的に「子どもの毒になるような親」、つまり「子どもを支配し、子どもの人生に害を及ぼす親」を指す。

親は子どもを愛し、守り、導いてくれる――、それがさまざまなメディアで繰り返し描かれてきた「ふつう」の親像であるが、実は**「ふつう」などではなく、あくまで「理想」でしかない。**現実はそんなに美しくはなく、残念ながら、子どもを愛することも、守ることも、導くこともできない親はいる。

日本は、家族を重視する文化であるし、家族においては、年長者である親が正しく、敬われるべきであるという社会通念がある。

しかし、親だからといって、必ずしも正しいわけでも、敬うに足る存在でもないことを多くの人が意識し、声をあげられるようになってきたことを親ガチャや毒親という言葉の流行が示しているように思う。

さらにいえば、親ガチャや毒親という言葉は、「なぜ自分の親はふつうではないのか」、「なぜ自分はふつうと違うのか」という**答えのない問いに対する悲しみ、苦しみ、怒りの表現**であると感じられる。

親や一族が背負った業と世代間連鎖

◉親がやり残した心理的課題が子どもに継承されていく

ユングは、親が自らの人生において取り組んでこなかった、もしくはやり残した心理的課題が子どもに継承されていく、という**世代間連鎖**に早くから気がついていた。場合によっては、何世代にもわたって取り組まれずに放置されてきた心理的課題もあり、それが**一族の業**のような形になっていることもある。

人生は長いようで短くもあり、人間にはそれぞれ限界がある。**その人が生きている間に向き合うことが難しい心理的課題もある**のだ。

例えば、私が留学中にスイスでお会いしていたクライエントさんの中には、30代前半の東欧出身の方が何人かいた。彼らの多くが、他人を信じることができないという課題を抱えていた。自分個人の人生において誰かに裏切られた経験があるわけでもないのに、人と深い信頼関係を築くことができず、孤独にさいなまれていた。

興味深いことに、彼らの親の話を聞いていくと、一様に、自分が生まれる以前の話を親から聞いたことがないという。彼らは1980年代後半の生まれなので、ちょうど彼らが生まれたすぐあとくらいに、東欧諸国は共産主義政権が崩壊し、民主化していった。彼らの親は、民主化以前のことを一切語ることがなかったという。

「共産主義時代に親がどうしていたのか、自分はまったく知らない」――、これが彼らが私に共通して述べたことである。

そこで、東欧出身で、彼らの親世代のユング派分析家の友人に話を聞いてみたところ、**「彼らの親は、共産主義政権時代のことを語らないのではなく、傷が深すぎて語ることができないのだろう」**という答えが返ってきた。

この友人は、共産主義政権下で育ったのであるが、自らの体験について、「他人は誰も信用できなかった。家族でさえも。誰が秘密警察なのかわからないから。他人を信用してうかつに何かを言えば、不満分子や反体制派として摘発されかねない」と話してくれた。

この話を聞いて、私は自分が会っている東欧出身のクライエントさんたちについて、とても腑に落ちるものがあった。私には、彼らはまさに、彼らの親が共産主義体制によって損なわれ、傷つけられた他人への信頼を心理的課題として継承し、それと取り組まざるを得ない状態に置かれているように思えたからである。

ユングは、**一つの心理的課題の解消には三世代はかかるのではないか**と述べている(Jung, CW17, para154)。

もしそうならば、親が取り組まなかった、もしくは取り組めなかった心理的課題は、親から子、そして子からまたその子、つまり孫の代まで引き継がれていくということになる。そう考えると、とても理不尽なことに感じるかもしれない。親のつけを、どうして子どもや孫が支払わなければならないのだろうか。よりによって、どうして自分が親の業を背負わされるはめになったのだろうか。

その答えを、残念ながらユング心理学も私も持っていない。「どうしてなのか、わかりません」――そうとしか答えられない。

私にわかるのは、ただ、それがその人にとって取り組まざるを得ない心理的課題であること、そして、それと自分なりに真摯に取り組むことで、より生きやすくなるであろう、ということだけである。

与えられた運命を自分のものとして引き受ける

◉ユング心理学に通じるものがある『鋼の錬金術師』

私は職業柄、世間で流行した書物やマンガ、映像作品にはなるべく目を通すようにしている。自分自身が興味を持っており、好きなので、単純に楽しみのためにしているところもあるが、ユング派分析家としての立場から、こうした作品を通じ、今の社会でどのような元型が強く働いているのかということを知るための手がかりになると考えているからでもある。

それは、日々の私の心理臨床活動の中で、クライエントさんをより深く理解するためのヒントになることも多い。何よりも、**多くの人の琴線に触れる作品は、何らかの形でこころの真実をとらえていることが多く、学ぶところが大きい**のである。

ここでは、この章のテーマに沿って、私の大好きなマンガ作品の一つである『鋼の錬金術師』を取り上げてみたいと思う。

『鋼の錬金術師』は2001年から2010年まで雑誌で連載され、アニメ化や映画化もされ、世界的な大ヒットを記録したファンタジー作品だ。錬金術師の兄弟が禁忌を犯したために失ってしまった肉体を取り戻すため、賢者の石を求めて旅する物語である。

ユングは、12世紀から16世紀ごろまで西ヨーロッパで盛んに研究された錬金術に深い関心を寄せ、錬金術と心理的変容の関連を研究していた。だから、ユング派分析家の私にとっては、「錬金術を描いた作品」というだけで心惹かれるものがある。

もちろん、『鋼の錬金術師』で描かれている「錬金術」は、どちらかというと「魔法」に近いので、ユングが興味を持っていた錬金術とは異なるが、それでも、この作品にはユング心理学に通じるものがあると私は感じている。この作品が描いているのが、ユング心理学の重要なテーマでもある**「自分に与えられた運命をどう自分のものとして引き受けていくか」**ということにあるからではないかと私はとらえている。

◉犠牲を払って手にする、何にも代えがたい鋼の心

『鋼の錬金術師』の主人公エドは、父親の不在と母親の早世という**過酷な運命**を与えられ、子どもだったとはいえ、それを安易に解決しようとしたことで、自分の肉体の一

部と弟の肉体を失うという**重い犠牲**を払うことになった。

この犠牲は、エドが望んだものではない。けれども、この犠牲を払ったからこそ、彼には弟の肉体と自分の肉体の一部を取り戻す、という目的ができ、その目的を果たすための旅の道中で、さまざまな人たちと出会い、**自分に与えられた運命について深く考えていく機会**を得る。

だからこそ、旅の果てにエドは、今度は**自ら望んで自分の大切なものを犠牲にする決断**をした。この決断によって、彼は自分のアイデンティティの根幹ともいえる大切なものを失う。そしてまた、エドが旅をするための原動力となっていた彼の失われた肉体は、結局、完全に回復することはなかった。

一見すると、物語を通してエドは多くのものを失っている。得たものよりも失ったもののほうが多いかもしれない。それでも彼は物語の最後にこう述べている。

「**痛みを伴わない教訓には意義がない　人は何かの犠牲なしに何も得る事などできないのだから　しかしそれを乗り越え　自分のものにした時……　人は何にも代えがたい鋼の心を手に入れるだろう**」（荒川、2010, pp.190–191）。

エドが与えられた運命に対して、犠牲を払って得たもの――、それは、「何にも代えがたい鋼の心」であった。

私には、それこそが「与えられた運命を自分のものとして引き受ける」ことであるように思える。

「引き受ける」ことには犠牲が伴う。この犠牲は、エドが意図せず自分の肉体の一部と弟の肉体を失ったように、最初はほとんど強制的に払わされるものだと思う。

けれども、その犠牲がもたらす痛みと葛藤する中で、人は初めて自分に与えられた運命と対決していくことができるのではないだろうか。

その対決の末に、**自分に与えられた運命と払った犠牲を誰かのせいにするのではなく、自分のものとして引き受けるとき、私たちは「鋼の心」を手にし、自分の足でしっかり立つことができるようになる**のだと思う。

親のせいにしなくなったとき自分の〝真の人生〟が始まる

◉すべての原因を「親のせい」にすることの危険性

私たちは、時に過酷な運命を与えられる。「親ガチャに外れた」、「毒親を持った」――、それも過酷な運命の一つだと思う。そして、そうした過酷な運命は、自ら望んだものではなく、いわば強制的に与えられたものである。

私は「親ガチャ」や「毒親」という言葉は、**「親であっても正しいわけではない」**、**「子どもを愛しても守っても導いてもくれない親もいる」**ということの意識化を示す言葉として評価している。こうした言葉によって、多くの人が自分が悩んできたことに名前を付けることができて救われただろうし、世の中に「親に恵まれない人の現実がある」ということを広く知らせる意義もあったと思う。

しかし、それが「人生がうまくいかないのは親ガチャに外れたせい」、「毒親に育てられたから、こうなった」というような形で、親がすべての原因や理由になるとき、そこには危険もあると感じている。

確かに、親は選ぶことができない。けれども、生きるのが苦しいのが全部親のせいならば、それは**まだ親に自分の人生を支配されている**ということに他ならない。

親から愛ではなく苦しみを与えられたのは悲しいことであるが、**それを自分のこととして引き受けていかなければ、自分の人生を真に生きることはできない**のではないだろうか。

誤解しないでいただきたいのだが、「自分のこととして引き受ける」というのは、「自分が悪い」、「自分に原因がある」と思うこととは違う。

自分の人生に起こった理不尽な出来事を自分や誰かのせいにして終わりにしてしまうのではなく、自分の人生に起きたことにどんな意味があるのか問い続け、自分なりの答えを見出していくということである。

そうすることによって、自分が人生の中で取り組まざるを得ない心理的課題も見えてくるだろうし、課題と取り組む中で、人生における理不尽な苦しみや悲しみも、ちょっとずつ成仏していくことができるのではないだろうか。

父と私
～答えはない。でも意味はある～

●家族関係が難しいと心理学的にならざるを得ない

これまで書いてきたことは、私がとりわけ自分の父親との関係の中で問い続けてきたことでもある。

私のスーパーバイザーだったユング派分析家の一人は、**「やはり、家族関係が難しいと、小さい頃から心理学的にならざるを得ないんだよ」**と言っていた。その意味では、私がユング心理学へと導かれたのは必然であったのかもしれない。

「どうして自分と父親は、テレビドラマで描かれたり、周りの友だちのようなふつうの親子関係ではないのだろう」、「なぜこんな人が自分の父親なのか」――何回思ったかしれない。けれども、父がいなければ、私は私ではなかったであろうし、ユング心理学に導かれることもなかった。

私の「どうして」にも「なぜ」にも、答えはない。この先も、答えが出ることはないだろう。ただ、私は今、私にとって、私が父のもとに生まれてきたことには意味があったと感じ、深く納得している。

私がスイスのユング研究所に留学中、父が亡くなった。私がその一報を聞いて最初に思ったのは（これはまた厄介なことが起こったな）であった。

私はその時、最終試験を控えて、いろいろとこなさねばならないことを抱えており、父が亡くなったことで日本に一時帰国するならば、その予定を調整しなければならないと思ったためである。同時に、父が亡くなっても、やはり自分は「ふつう」に悲しむことはできないのだな、とそのことを、とても悲しく思った。

その後、こみ上げてきたのは**心底ホッとする気持ち**であった。

よく親との関係が難しいクライエントさんから「親が死んでホッとした」とお聞きすることがあるが、私も同じだった。これから誰かに父のことを聞かれても、「父は他界しました」と言えば、それ以上詳しく聞かれることがなくなる——、それは父についてうまく語る言葉を持たない私にとっては、ようやく訪れた救いだった。

そして何よりも、私の中での長きにわたる父に関する葛藤に、やっと一つの終止符を打つことができる、そんな気持ちだった。

しかし、日本に一時帰国し、葬儀で父の親族と会う中で、私は**父の背負っていた心理的課題**に思い至ることになった。父は父なりにその課題と向き合おうとしていたのだということ、そして、それが私に引き継がれていたのだということ――、それらに対する深い得心があった。

このことは、私に父への理解をもたらしてくれた。父のことを、初めて納得のいく形で、自分なりに理解することができたという満足感と解放感があった。生きているときは難しくても、亡くなって初めて理解できることもあるのだという実感は、私にとっては、とても感動的なものだった。私はこの時やっと、父が私の父であった運命を真に引き受けることができたのかもしれない。

父が亡くなっていなければ、私は本書で父のことに触れることはなかった。振り返ってみれば、これまでの私の人生は、父との葛藤の中で心理学的な目覚めを迎え、そのような自分の運命に対する意味を探究する旅路であったといえるかもしれない。

ユングは自伝の最後にこう書いている。

「**われわれの生まれてきたこの世界は無慈悲で残酷である。しかし、同時に美しい。**

生きることには意味があり、そして意味がない。私は意味が優勢となり、戦いに勝つことを切望している」（ユング、1973, p.218）

人は、人生の理不尽に直面したとき、初めて自分の置かれた運命について思いを巡らし、意味を見出そうともがくのだろう。意味があれば、耐えがたい理不尽も、だいぶ耐えるに足るものになるからである。

この点において、ユング心理学は、自分の生きなければならない運命に自分なりの意味を見出し、その運命を引き受けることを目指す心理学であるといえると思う。

私たちの運命は一人ひとり異なり、それは時に無慈悲で残酷である。そして、その運命をどうして他ならぬ自分が背負うことになったのか、誰も教えてはくれない。けれども、そこに**自分なりの意味**を見出していくことができれば、自分の生に価値や方向性が与えられ、自分の運命を引き受けていくことができるのではないだろうか。

そのようにして見出された意味は、おそらく、人生におけるほとんどすべての苦しみや悲しみを耐えられるものにし、自分の生をより豊かなものにしてくれるのではないかと思っている。

第4章

こころは
バランスを求める

―心的エネルギーと補償―

点が線としてつながったとき「私の物語」が紡がれる

◉個性化＝「個人的神話」を見出すプロセス

スイスのユング研究所では、なぜかほとんど聞かなかったが、イギリスでは、ユング派分析家たちがユング心理学について、よく**目的論的**（teleological）な心理学だと説明していた。彼らに「ユング心理学を一言で説明するなら何ですか？」と聞いたら、間違いなく「目的論的」と答えるだろう。

目的論では、物事は、原因によって生じたのではなくて、結果のために生じた、という見方をする。つまり、**何らかの目的があってその物事が起こっている**という考え方である。目的論の対極にあるのが機械論（mechanism）で、機械論は、出来事を物理的な因果関係によってのみ説明しようとする。

例えば、「親のせいで不幸だ」と考える場合、それは親（原因）が不幸という結果をもたらしたととらえるわけだから、機械論的なものの見方であるといえる。これに対し、同じ事象を、「自分がそのような親を持ったことや不幸だと感じていることは、何らかの意味があって起こっていることだ」と考えるとき、それは目的論的な見方であるということになる。

ユング心理学の物事の意味を見出そうとする態度は、このような目的論的な見方が背景にある。また、ユング心理学の「人生をトータルで見ようとする姿勢」も目的論的な態度である。それは、結果ではなく**プロセスを重視する**ということで、人生を「点」ではなく起伏のある「線」で考えるということだ。

私は、ユング心理学は「失敗し、負けたときのための心理学」と書いたが、失敗や負けは「点」であり、「線」の一部に過ぎない。「点」がそこで打たれた原因を探るのではなく、そこで点が打たれたことが「線」においてどのような意味があるのかを自分なりに見出していくことがユング心理学の態度であり、目的論的なものの見方であるといえるだろう。

「点」に意味が見出され、「線」としてつながったとき、それは**その人のその人によるその人のための「物語」**となる。

ユングは、このような「私の物語」を**個人的神話**（personal myth）と呼んだ。ユング心理学の目指す「個性化」とは、その人の「個人的神話」を見出していく過程のことを指しているともいえる。

◉「私の物語」の書き手は誰？

「私の物語」の語り手は「私」であるとして、それでは書き手、もしくは物語のグランドデザインをしたのは何者なのか？

また「私の物語」とは、私たちが「自分の生に意味を見出すことを目的として生きていく物語」と言い換えることもできるが、その「目的」を設定したのはいったい誰なのか？

ユング心理学では、それをこころの中心である**自己（セルフ）**であると考えている。

ユング心理学において、こころは基本的に**独自の意思や意図を持って動く自律的な存在**である。

例えば、私たちの内臓は勝手に働き、代謝が行われ、体温は調節され、もしケガをしたら頼まなくても修復してくれる。逆にいうと、私たちは自らの意思で内臓の動きや代

謝を止めることも、体温の調節やケガを治すのをやめさせることもできない。私たちの意思とは関係なく、私たちの身体は24時間、私たちを生かすために働き続けている。

ユングは、こころも身体と同じように自律性を持っていると考えていた。

第1章で述べたように、こころは家にたとえることができるが、その家は実は**私たちのコントロールが及ばない場所**である。自己はその家のリーダーのような存在だ。そして自我が実務を取り仕切り、自己は「私の物語」を導いている。

「こころ」は生命活動を支えるエネルギー源

◉フロイトとユングの見解の相違となったリビドーの解釈

私たちの内なる家であるこころは、独自のルールを持ち、独自の考えで動いている。そして、私たちが日々考え、感じ、行動する原動力となるエネルギーを生み出している。フロイトは、このエネルギーを**リビドー**（libido）と命名した。フロイトによれば、リビドーは無意識から湧き上がってくるもので、私たちを動かす根源的な力である。

リビドーをこころが生み出すエネルギーとする考え方は、19世紀に目覚ましい発展を遂げた物理学の**エネルギー保存の法則**の影響を受けている。エネルギーは人間が想定した概念であり、物質として見たり手に取れたりするわけではないが、物理学ではこの世で起こるあらゆる物理的な変化にはエネルギーが関与していると考えている。

エネルギー保存の法則とは、「エネルギーはその形態を変えたり、移動したりするけれども、その総量は変化しない」という1840年代に確立した法則である。エネルギーはその形態を変えても、全体の量は変わらず、増えたり減ったりしない、ということだ。

フロイトは、この法則を援用して、例えば自分に向けられるリビドー（自我リビドー、自己愛）が増えれば、自分以外に向けられるリビドー（対象リビドー、対象愛）が減る、というように、リビドーを量的な概念としてとらえていた。

ユングもまた、こころは私たちを動かすエネルギー源だと考えていた。ただ、フロイトは人間の活動の根本には性的な欲求があるとし、リビドーには性的な性質があると主張したが、ユングにとってのリビドーは性欲だけに限らず、**人間の生命活動全般を支えるこころを源泉としたエネルギー**を意味していた。

このリビドーに対する見解の相違も、フロイトとユングの決別の要因の一つになった。

こういった経緯から、ユングは「こころから湧き上がってくる根源的な生命エネルギー」を表す用語として、リビドーだけでなく**心的エネルギー**も使用している。

つまり、ユング心理学においては、こころが人間の生命活動を支える力を生み出す源泉であり、その力が「エネルギー」としてとらえられている。

心的エネルギー三つの法則

◉物理学の法則とこころの法則には共通点がある

ユングは、**心的エネルギーには三つの法則がある**と考えていた。

心的エネルギーは物理学の影響を受けた概念なので、これらの法則にも物理学が援用されている。しかし、単純に物理学の法則を当てはめたわけではなく、こころを源泉としたエネルギーである心的エネルギーについて説明するのに、物理学の観点が適していたということだろう。

ユングは医者で、自分の心理学を通じて科学の範囲を広げたいと考えていたから、物理学を通じて演繹的に、そして自分の体験やクライエントたちとの臨床経験から帰納的に、この三つの法則を導き出したのだろう。さらにいえば、そもそも物理学自体が自然現象や宇宙についての普遍的な観点を見出そうとする学問だから、こころに関する現象を自然現象や宇宙の一環とみなせば、物理学の法則とこころの法則に共通するところがあっても何ら不思議はないと思われる。

それでは、心的エネルギーの三つの法則をそれぞれ見ていこう。

①心的エネルギーは対立から生まれる

ユングの考えでは、心的エネルギーは**対立するもの同士のぶつかり合い**から生まれる。これは**ユング心理学の根幹を成す最重要の見方**である。

ユングは、物理的なエネルギーには必ず相反するエネルギー（対立するもの）があることに注目した。例えば、高温に対する低温、安定に対する不安定、秩序に対する無秩序（乱雑さ）、といった具合である。このことから、ユングは心的エネルギーも同様であると考えた。

ユングによれば、**私たちの欲求や情動に対して、対立や矛盾している欲求や感情が無意識内に必ず布置**（245ページ参照）**される。**例えば、白という色を考えるとき、もし色が白しかなければどのような色なのかよくわからないが、黒という色があれば黒との比較において白がどのような色であるかがわかる。対立するものは、このような関係性にある。つまり、対立するものは対の関係にあり、お互いがお互いを規定している。**二つ**

で**一つのような関係**であるため、一方が意識で優勢になれば、もう一方が無意識で優勢となる。

ユングは、この対立するもの同士がぶつかり合うことで心的エネルギーが生み出されると考えた。それは、例えば乾電池にプラス極とマイナス極があって、この二つの極の間を電流が流れることで物を動かすエネルギー（電気）が生じるのと同じことだ。二つのものの対立の度合いが強ければ強いほど、生じる心的エネルギーも大きくなる。

このことは、二つのものの間の距離と考えるとわかりやすいかもしれない。物を落とすとき、低い位置よりも高い位置から落とすほうが生じるエネルギーが大きくなるように、**二つのものの間の距離が開けば開くほど、生じる心的エネルギーも大きくなる**。

それは同時に、一方が無意識に強く抑圧されていき、意識化されにくくなるということでもある。だから、賢い人が自分の持つ愚かさを認識できていなかったり、強い人が自分の持つ弱さを認められなかったりするようなことが起こる。

このような**意識されていない対立物が統合されないまま無意識に留まると、心的エネルギーの流れに偏りが生じ、いずれ症状を含めたさまざまな問題を引き起こす**ことになる。

ユングは、例として、定年退職後にユングの個人分析を受けることになったあるアメリカ人の男性クライエントを挙げている（Jung, CW7, para75）。

この男性は現役時代、仕事中心の生活を送っていて、仕事以外のことに関心がなかった。しかし、退職して仕事から離れると、不安と心気症（明らかな身体疾患がないにもかかわらず、ささいな身体的不調にこだわり、それを重病の兆候ととらえたり、もしくはすでに重い病にかかっているという強い思い込みが継続すること）を発症した。

おそらくこの人は、現役時代は自信にあふれ、ビジネスで成功した人物だったのだろう。しかし、その自信や成功は、彼から長きにわたり、**自分の中にある不安と向き合う機会**を奪ってきたに違いない。

このアメリカ人の男性クライエントの意識はほとんど仕事で占められていたので、定年退職して仕事がなくなったとたん、それまで仕事のみに流れていた心的エネルギーが、無意識に対置されていた不安に流れ込んだのだろう。これにより、彼は不安と心気症を発症したと理解することができる。

福岡伸一さんは著書『新版　動的平衡』の中で、生命の単位である細胞は、**絶えず合成と分解、酸化と還元、結合と切断、生成と消失を繰り返して流れゆく動的な存在**であると指摘している。

そしてこれをふまえ、生命とは、生じる変化（酸化、変性、老廃物）を絶えず排除するために自らを分解しつつ、同時に再構築を行うという、絶え間ない分解と合成の動的平衡の上に成り立っていると述べている。分解が少しだけ合成を上回っているところで平衡が保たれ、分解のスピードに合成のスピードが追いつかなくなるとき、生命は終わりを迎えることになる（福岡、2017, p284-312)。

動的平衡が教えてくれるのは、人間を含めた地球上の生命の根幹に対立する力の働きがあるということだ。言い換えれば、**生きるということは、対立するものが生み出す動きの上に成り立っている。**

対立するものが生命活動を支えるエネルギーである心的エネルギーを生み出すというユングの考えは、物理学だけでなく、生物学に照らしても、妥当性を持つように思われる。

②心的エネルギーは対立するものに等しく流れる

ユングは、意識の部分に起こる意思や情動などに対して、必ずそれに相反したり、矛盾したりするものが無意識に生じ、その二つのものの対立から心的エネルギーが生じると考えた。そして、生じた**心的エネルギーは対立するものに等しく流れる**ととらえていた。

だから、**意識の態度と反するものを無意識に置いたままにせず、きちんと意識することができれば、心的エネルギーはこころを耕し、豊かにしていく方向に使われていく**ことになる。しかし、意識の態度に反するものが意識から排除され、無意識に留まったままだと、そちらに流れた心的エネルギーはコンプレックスに注がれていくことになる。あまりに長い間この状況が続くとコンプレックスは強大になり、その人にさまざまな影響を及ぼすようになっていく。

先ほどのアメリカ人の男性クライエントの例でいえば、この男性は現役の時、ビジネスで成功したいという欲求を持ち、それを満たすべく心的エネルギーが流れていたと考えられる。そして、それと同じだけの量が無意識に対置された不安にも流れていた。

この人がもし、自分の不安を意識できていたとしたら、定年退職してから不安と心気症に襲われることはなかったかもしれない。症状とは、ある意味で人格が乗っ取られることでもあるので、この男性は長年不安を無意識に放置したことでコンプレックス化してしまい、後年不安に人格が乗っ取られてしまったとも考えられる。

③心的エネルギーは平衡を保とうとする

ユングは、心的エネルギーが物理学の一分野である熱力学の第二法則である**エントロピー増大の法則**に従っていると考えていた。エントロピー増大の法則は、簡単にいうと「物事は無秩序・不安定・複雑さが増える方向にしか進まず、自然に元に戻ることはない」ということである。

よく例に出されるのは、コーヒーとミルクだ。コーヒーにミルクを入れると、自然と広がっていく。放っておいても、コーヒーとミルクは自然に混じり合う。この時、コーヒーとミルクが十分に混じり合っていない状態を「エントロピーが小さい」といい、十分に混じり合った状態を「エントロピーが大きい」という。**「エントロピーが小さい」と秩序があり、「エントロピーが大きい」と無秩序になる。**つまり、コーヒーとミルクが混じり合っていない状態のほうが混じり合っている状態よりも「秩序がある」ということになる。

これは、感覚的には逆に思えるかもしれない。一般的には、コーヒーとミルクが均一に混じり合った状態のほうが「秩序がある」ように感じられるのではないだろうか。

けれども、エントロピーの考え方では、コーヒーはコーヒー、ミルクはミルクで分かれているほうが秩序が保たれていて、コーヒーの粒子とミルクの粒子が自由に動き回って、次第に均一に広がっていくことのほうが無秩序なのである。

これは言い換えれば、物事は放っておくと次第に平均化されていく（＝エントロピーが増大する）ということを意味している。だから、コーヒーに入れたミルクは自然に均一に広がっていき、コーヒーとミルクの混じり合いは平均化されていく。

ユングは、**心的エネルギーも平均化していく傾向がある**と考えた。

ユングは、物理学だけでなく古代ギリシアの自然哲学者ヘラクレイトスに由来する**エナンティオドロミア**（enantiodromia）すなわち「物事はいずれ反対方向へ向かう」という概念にも依拠し、心的エネルギーは、たとえ偏った方向に流れていても、いずれ反対方向に向かって流れてバランスを取る作用があると提唱している。

再びユングのクライエントだったアメリカ人男性クライエントの例に立ち返ろう。

この男性の心的エネルギーは、成功するという欲求に偏って流れていた。対置する無意識の不安にも同じように心的エネルギーは分配されていたのに、意識されることがなかったために無意識に留まっていた。

男性が仕事をしているうちはそれでも回っていたのだと思うが、仕事を退職すると、意識に偏って流れていた心的エネルギーが「エントロピー増大の法則」あるいは「エナンティオドロミア」の作用により、バランスを取ろうとして反対方向の無意識の側の不安に一気に流れ込んだのだと考えられる。

この例のように極端な形でなくとも、人が若い頃は尖っていて「周りはみんな敵」のように感じていても、年を重ねていくにつれて、「敵」にもそれぞれ事情があることがわかり、丸くなっていくことも「心的エネルギーの平均化」の自然な例としてとらえられる。

つまり、**若い時には自分の事情に心的エネルギーを注力していて、他人の事情には無意識でいても、だんだんと他人の事情が意識化されていくことで、心的エネルギーが双方に流れてバランスが取れるようになっていく**ということである。

こころの原理
～補償によりバランスを保つ～

◉ユング心理学の根本を成す概念「補償」

ここまで述べてきた心的エネルギーの三つの法則は「こころの持つ法則」と言い換えてもよいだろう。この三法則から「こころの原理」が見えてくるのではないだろうか。

ユングは、こころはバランスを取ろうとするものなのだと考えていた。そして、このこころの原理を**補償**（compensation）と呼んでいる。「補償」はユング心理学の根本を成す概念である。

日本語の「補償」には、「補う」、「償う」の意味があり、何らかの損害や損失が生じた場合に、それを補って埋め合わせることを指す。

ユング心理学の「補償」は、**意識と無意識の間で起こり、意識の態度が一面的だったり偏っていたりするとき、それを補ってバランスを取ろうとする無意識の作用**のことを示している。

ユングによれば、意識の活動とは何かを選ぶことであり、選ぶにあたっては何を選ぶかの方向性が求められる。そして、自分の選択の方向を決めることは、その方向にあるもの以外を排除するということである。だから、意識の態度が一面的になって偏りが生じるのは仕方のないことでもある。

意識の選択から排除されたものは無意識に沈み、意識化されないまま抑圧され続けると、排除された内容の心的エネルギーが高まることになる。そうなると、まるで一方に傾いたてんびんを平衡にしようとするように、意識の態度を修正してバランスを取ろうとし、排除された無意識の内容が夢や症状といった形をとって現れることになるのだ。

第2章で、ユング心理学では夢は「無意識から意識に向けたメッセージ」であるととらえていると指摘したが、無意識が意識に向けてメッセージを出す目的は、**意識から排除された無意識の内容を意識に統合し、それによって意識の態度を修正し、こころのバランスを実現する**ことにある。

そして、夢の中の登場人物は、意識から排除されて心的エネルギーが注がれた結果、コンプレックス化した無意識の内容が人格化したもの、ととらえることができる。

影、アニマ、アニムス、老賢者や、母親コンプレックス、父親コンプレックスが人格化したものとしてとらえられる夢や、イメージの中の親は、**補償の作用**によりそこに現れている。

だから、それら元型が補償しようとしていることは何なのか、自分の意識の態度に欠けているものは何なのか、夢分析やイメージ、感情などを通じて見出していくことが大切になってくるのだ。

そうやって見出されたものは意識化され、意識に統合されていくことになり、よりバランスの取れた人格の発展に結びついていく。これこそがユングのいう**個性化の本質**であり、こころが補償を通じて目指していることなのである。

こころへの信頼
～謙虚に導きに従う～

◉ユング派の心理療法は「信じ合う営み」

既述のように、ユングはこころを自律的な存在であるととらえていた。そして、こころの中心である自己は、私たちの個性化を後押しし、意味ある生に導く意思や意図を持っていると考えていた。

だからこそ、こころはバランスを取ろうと、夢などを通じて意識へメッセージを送り、意識の態度の補償を試みる。自己がそのような意思や意図を持っているのだから、私たちにできることは、**こころの前に謙虚になり、その導きに従うこと**だとユングは理解していた。

このようにユングはこころを深く信頼していた。だから、ユング心理学やユング派の心理療法は、こころへの信頼のうえに成り立っている。

私自身も、ユング派分析家として、こころの導きに信を置いているし、それが他人の人生に関わるうえでの自分の軸となっている。人も状況も変わっていくものなので、心理臨床の現場では、私自身も変わらざるを得ない場合もある。しかし、こころへの信頼が自分の中でブレない軸としてあるので、安心感を持って臨めている。

少なくとも私の考えるユング派の心理療法は、**こころへの信頼**を基点としている。ユング派の心理療法家になるためには、必ず個人分析を受けなければならないが、私は、その最大の目的は、自分の個人分析を通じてこころの導きを体験し、こころへの信頼を獲得することにあると思っている。人が本当の意味で何かを信じるためには、自分で経験しなければならないからだ。

この意味においてユング派の心理療法は、「信じているものがある人（心理療法家）に自分のことを語り、信じてもらう」という信じ合う営みといえるのかもしれない。

苦しいことや辛いことほど、人は自分を守るために感情や記憶を切り離す（解離）するので、語りが断片的になったり、実感を込めて語れなかったりする。そして自分一人で抱えていると、そのうちに本当に起きたことなのかさえ、だんだんあやふやになってきてしまう。自分で自分のことが信じられなくなってしまうのだ。

おそらく人は、どんな形であれ**自分に起きたことを語って人に預け、その預けた人に**

信じてもらって初めて、その出来事を本当に起きたこととして意識できるようになるのではないだろうか。

そうした語りを聞いているほうの私は、その語りがたとえどんなに荒唐無稽でも、脈絡がなくても、現実のものとは思えなくても、語っている人にとってはそれが真実なのだと信じている。

私がその人の語りを信じられるのは、私がこころのなすことや導きを信じているからだ。クライエントさんを信じるためには、心理療法家の側に信じるものと信じてもらった経験がなければならないのだと思う。

そしてクライエントさんは、心理療法家に信じてもらうことによって自分の語りを本当のものとして引き受け、「私の物語」を紡いでいくことができるようになるのではないかと感じている。

ユング心理学と宗教

◉人間を超えた「大いなる存在」を前にしたら…

ここまでの内容を読んで、ユング心理学の「こころを信頼する」という態度がどこか宗教めいているように聞こえる方もいるかもしれない。

世界では宗教間の対立が絶えないし、日本でも元首相の殺害を契機に宗教に関心が集まっている時分であるので、誤解を避けるためにもユング心理学と宗教との関係について記しておきたいと思う。

確かにユング心理学はキリスト教色が強い面もある心理学だが、それはユングが**こころの普遍性を探究するうえでキリスト教を手がかりにした**からである。

ユングは、キリスト教やその下で育まれた文化の影響を受けた西洋人である自分が、キリスト教を抜きにしてこころを理解することはできないと考えていた。ユングにとって何かを信じるという行為は、人間に自然に備わっているこころの機能であり、それをキリスト教を通じて理解しようとしたのだった。

西洋人であるユングにとっては、こころの機能を理解するうえで、キリスト教を手がかりにすることが理にかなっていたわけだが、日本人は日本の宗教や文化的観点からこころについての理解を深められると思う。

日本人はよく無宗教だといわれるが、それはキリスト教やイスラム教のような一神教を基準にしたとらえ方であって、日本人に宗教心や信仰がないわけではない。

例えば、日本人の多くが新年を迎えると神社仏閣に初詣に行くし、日々神棚や仏壇を拝む人もよく見られる。また、海や山、森などに行って神秘的な体験をしたり、大いなる存在を感じたりした経験を持つ方も珍しくない。

ユング心理学の「こころを信頼する」という態度は、要するに**人間を超えた大いなる存在というものはあって、私たちはその前に謙虚にならなければならない**ということである。

人間は科学や技術を発展させ、周囲の環境を安全で清潔になるようにコントロールしてきた。そしてそれは、自分自身や自分の人生をコントロールできるという思想を生み出した。

よく人生を車に乗ってどこかへ行くことにたとえて、「ハンドルを握っているのは自分」というような言い方をしているのを見かけるが、本当にそうなのだろうか。

ハンドルを握って、とりあえずの行き先を決めるのは自分かもしれないが、そもそもどうしてハンドルを握ることになったのかも、どうしてそこに行きたいと思ったのかもわからないし、たとえハンドルを握っていても、行き先に着けるかも、行き先に着くまでに何が起こるかも決められない。

そう、物事には、私たちが自分で決められることと決められないこと、コントロールできることとできないことがある。

人生においても同じく、自分で決められず、コントロールが及ばないことがある。そのことに気がつき、受け入れようとユング心理学は提案しているのである。

ユング派の心理療法とこころのバランス

◉タイパもコスパも悪い面倒なことをするのが大事

現代人の多くは、職場と家の往復で、仕事、家事、子育て、介護などに追われる中、それらを効率的にこなすために、自分をいかに効果的にコントロールするかに重きが置かれている。仕事や生活を回すために、タイパ（タイムパフォーマンス）やコスパ（コストパフォーマンス）を重視して、コントロールすることは必要なことかもしれない。でも、それだけになってしまったら、コントロールできる世界の中に自分を閉ざすことになり、いずれ行き詰って苦しくなる。意識が一面的になって、こころのバランスが損なわれていくからだ。

私はそうならないためには、**「語る」**、**「考える」**、**「問う」**、**「悩む」**、**「迷う」**といった、結果をすぐに生み出すわけでもなく、タイパもコスパも悪い面倒なことにできるだけ取り組むのが大事だと思っている。それは、**コントロールしようとする自分を手放す時間**

を確保することだからだ。

そうした時間の流れの中で、決められないことやコントロールできないことがあることを受け入れ、謙虚になるとき、人は自分の世界の地平を広げることができると思う。

自分が今いるところだけが世界ではないことを感じられたなら、人は**これまで自分が生きていた狭い世界でのさまざまな執着を捨てて、少し楽になることができる**のではないだろうか。

心理療法は、こうした「語る」、「考える」、「問う」、「悩む」、「迷う」といった面倒な行為を誰かと一緒にやる場である。

昨今では、新型コロナウィルスの流行もあってオンラインでの心理療法のセッションも増えたが、たとえ画面越しであっても、心理療法とは基本的に、人と人とが一定の時間お互いの身体を向き合わせ、その場で起きていることを共有する営みである。

身体を介した行為は、実感を伴い、相手への信頼につながる。今、この場で起きていることは現実であるし、それを受け止めて共有してくれている相手が目の前に存在していることも現実だからだ。

こうして考えてみると、もしかしたら数ある心理療法の中でも、ユング派の心理療法ほど、生産性はもちろん、タイパやコスパが悪く、面倒くさいものもないかもしれない。時間もお金もかかるうえに、いつまでかかるかもわからないし、誰の目から見ても明らかな結果が出るわけでもないからだ。

それでも、語り、考え、問い、悩み、迷うことで、目の前の誰かと信じ合い、自分のコントロールが及ばない物事があることを受け入れていくことは、生産性やタイパやコスパに偏った日常の世界を補償し、こころのバランスを保つとともに、その人の生を豊かにしてくれると私は信じている。

第5章

自分の意識のあり方を知る

―タイプ論―

タイプ論私見
～四つの意識の機能をすべて使うために～

◉タイプ論はやはりユング心理学的

「絵を見るときは、自分の四つの意識の機能（思考、感情、感覚、直観）をすべて使いなさい」――スイスのユング研究所で、絵の分析を行う最終試験の試験官にこう言われたとき、私はタイプ論のことが、ようやくしっかりと理解できた気がした。

「タイプ論は、あまりユング心理学的ではない」――私は長らくそう感じていた。服にたとえるなら、その人に合わせたテーラーメイドであることに重きを置くのがユング心理学やユング派の心理療法である、というのが私の見解で、タイプ論はどこかファストファッション的に感じられた。

それなりに着心地はいいし、おしゃれではあるが、自分だけに合わせて作られた服ではない。店頭でチェックリストを渡され、「あなたはチェックが○個あるから、このタイプの服がお似合いになります」、「チェックが○個だと、あちらのタイプの服になります」と言われているような概念という思いをぬぐえなかった。

だから、タイプ論については正直、あまり熱心に勉強してこなかったのだが、ユング研究所に行ったら、皆がやたらとタイプ論を引き合いに出して話をするので驚いた。「私はthinker（思考優位タイプ）です」などと自己紹介したり、「あの人はfeeler（感情優位タイプ）だね」と話したりしていて、ある種の共通言語の様相を呈していた。

ただ、便利な言語ではあるものの、人の意識のありようを型に当てはめて名前を付け、単純化して理解する方法のように感じられて、私はやはり興味を持てなかった。

しかし、冒頭の言葉を言われたとき、「そうか、絵は単に見るだけじゃなくて、**描いた人や描かれた状況を考えて（思考）、その絵をどう感じるか（感情）、どんな道具や紙を使っているのか（感覚）、絵からどんなイメージやファンタジーが広がるか（直観）を、しっかりとらえていくことが大事**なんだ。だけど、それって絵だけじゃなくて、物事を分析するときにもいえることだよね。物事は、ちゃんと意識して見ないとわからないし、そうするときに自分の中の思考と感情と感覚と直観を総動員しないと理解できないんだな」と思い至り、ストンと腑に落ちたのである。

そう考えると、タイプ論は決してファストファッション的でも当てはめでもない。自分の意識のタイプが何であるかに目が行きがちだが、そうではなくて、「四つの意識の機能をすべて使うために、自分が使いがちな機能（優越機能）と、使いこなせていない機能（劣等機能）をきちんと知りましょう」という概念なのだ。

そうやってちゃんと自分の四つの意識の機能を使って物事を見るようにすると、より深く、より豊かに、より多面的に――つまり、よりトータルに――起きていることを理解できるようになりますよ、ということなのである。

一周回って**「タイプ論はやはりユング心理学的なんだな」**と私はようやく悟ったのであった。

最も一般に普及している概念「タイプ論」とは何か

◉MBTIを通じて知らないうちにユング心理学に親しんでいる人も多い

1962年にアメリカで開発されたMBTI（Myers-Briggs Type Indicator）という心理テストは、欧米を中心にビジネスやスポーツ分野で幅広く使用されている。

しかしながら、この心理テストがユング心理学のタイプ論に基づいていることはあまり知られていない。したがって、**タイプ論はMBTIを通じてユング心理学の中で最も一般に普及している概念**であるにもかかわらず、ユング心理学の一概念であることは一般にはほとんど知られていないという不思議な状況になっている。

MBTIは、日本でも大学や企業、スポーツ・チームなどにキャリア・コンサルティングや自己理解を深める目的で導入されているケースがあり、実はやったことがある人も割といるのではないだろうか。

90問程度の質問に答える形式で、インターネットでもさまざまなサイトがこの心理テストを作成・公開しており、気軽にやって結果を得ることができるので、興味のある方はぜひ参照していただきたい。

ただし、この心理テストで得られた結果はその時点でのもので、今後その人の意識のタイプは変化し得ること、また、この心理テストにはさまざまなバージョンがあるので、どれを選ぶかで得られる結果が異なる場合があることに留意してほしい。

この心理テストで得られるのは、その時点での自分の意識の大まかな傾向という程度の認識でちょうどよいと思うので、もしやってみる場合は、気負わず、肩の力を抜いて取り組んでほしい。

ユングはタイプ論について**「経験から得られた知識を演繹的に表現したもの」**と述べている。昔からなんとなく人々の間で「人のありようを大まかに分けるとしたら、こうなるかもしれない」と経験的に考えられてきたことを理論化したのがタイプ論といえる。

◉タイプ論の起源

タイプ論は、ユングがフロイトとの決別を自分なりに理解していく過程で生まれ、1921年に発表されている。

ユングは、一時期フロイトと親密であり、フロイトの高弟と目されるほどであったが、次第に理論的に相容れなくなり、1913年ごろに決別している。

この決別は、ユングにとって深い傷となり、「なぜ自分とフロイトとはうまくいかなかったのか」と問う中でタイプ論の概念が構築されていった。つまり、タイプ論は、自分とフロイトとの違いを模索する、ユング自身の苦しみの中から生み出された。

同時に、タイプ論を構築したころのユングは、のちに『赤の書』と呼ばれる記録にまとめられる深い内的体験と格闘していたため、それに飲み込まれないためにも、タイプ論のような現実に即した概念を必要としていた。ユングにとってタイプ論は、深い内的体験に押し流されないよう、現実とのつながりを保つ錨《いかり》のような役割も果たしていた。

このような誕生の経緯もあり、タイプ論は、ユング心理学の中では比較的現実に即していて、わかりやすい。また、「自分と人はどうして違うのか」、「自分と合わない人と、どうしていけばよいのか」といった、**人生において誰もが直面する悩みや苦しみにヒントを与えてくれる概念**といえる。

二つの基本的な意識の態度
外向・内向

◉心的エネルギーがどちらかに向くかで大きく分けられる

ユングの考えでは、まず、人には大きく分けると二つの基本的な意識の態度がある。「自分を基準にし、世界を自分の内側と外側に分けたとき、どちらにより関心を持つか」ということである。

一つ目は**外向**で、自分の外側の世界へ関心が向く意識の態度をいう。このタイプの人たちは、心的エネルギー（こころのエネルギー）がどちらかというと外に向かって流れる傾向がある。このため外向の人は、人と話すのが好きで、社交的である。パーティのような人の集まる場で楽しめる、いわゆる**陽キャ**（陽気なキャラクター）である。

逆に**内向**は、心的エネルギーが内側に向かって流れるタイプで、自分の内側の世界に関心が向いている。内向の人は、人の集まる場は好きではなく、あまり社交的ではない。自分から人にいろいろと話すことは好まないが、じっくり考え、内省することが得意な**陰キャ**（陰気なキャラクター）である。

気をつけなければならないのは、この概念は、外向（陽キャ）と内向（陰キャ）の間に線を引き、そのどちらかに人を振り分けようとするものではなく、またどちらが良いとか悪いとかを判断しようとするものでもないことだ。

どの人も、外向の部分も内向の部分も持っているので、**完全に外向の人も、完全に内向の人もいない**。意識の態度として、より外向の部分が優位な人を外向、より内向の部分が優位な人を内向、と呼んでいるに過ぎない。

また、ユングの考えでは、その人が外向か内向かは偶然生まれ持ったもので、遺伝などが原因ではない。例えば、外向的な両親のもとに内向的な子どもが生まれることもあれば、その逆もある。

四つの意識の機能
思考・感情・感覚・直観

◉見知らぬ花びんが置いてあったとき、あなたが気になることは何？

ユングは、外向・内向の二つの意識の態度に加えて、四つの意識の機能を定義している。

それらは**「思考」、「感情」、「感覚」、「直観」の四つで、それぞれに外向・内向を組み合わせて、八つの基本的な意識のタイプ**を示した。これも外向と内向の場合と同じで、どの人も四つの意識の機能を持っているが、どの機能がより優位かで意識のタイプが決まってくることになる。また、どの機能が優位であっても、そこに優劣はない。

四つの意識の機能を理解するために、簡単な例をあげてみよう。例えば、テーブルの上に見知らぬ花びんが置いてあったとき、あなたが最初に気になることは何だろうか。

a　花びんが**置かれた理由や目的**

b　花びんが**好きか嫌いか**

c　花びんの**形**

d　花びんから**感じるイメージ**

もしあなたが「この花びんは誰が何のためにここに置いたのか」などと、花びんの置かれた理由や目的に最初に注目し、知的にとらえようとするならば、あなたは思考機能が優位な人であると考えられる。

あなたが「この花びんはいいな、好きだな」のように、まず自分の好き嫌いを基準に花びんに注目するならば、おそらく、あなたは感情機能が優位だろう。

「この花びんは円柱だ」など、花びんの見たままの形に最初に目がいくようならば、あなたは感覚機能が優位だと思われる。

花びんを見て、最初に「この花びんは女性が置いたに違いない」などと、特に根拠もなくパッと何かを感じ取ったり、勘づいたりするなら、直観機能が優位だといえる。

ユング自身は四つの意識の機能について、「**感覚は、そこに何かがあることを教える。思考は、それが何であるかを教え、感情は、それが自分にどのような価値があるのかを教える。しかし、それがどこから来たのか、これからどこに行くのかは、わからないままだが、勘を働かせることはできる（直観）**」（Jung, CW18, para24）と説明している。

使いこなせる優越機能と自信が持てない劣等機能

◉ユングが提示した八つの基本的な意識のタイプ

タイプ論では、その人がうまく使いこなすことができ、考えずとも最初に頼ることのできる優位な意識の機能を**優越機能**、あまり自信が持てず、信頼がおけない意識の機能を**劣等機能**と呼んでいる。

その人が「これには自信がある」というときに使っている機能が優越機能で、「これに関してはまったくダメだ」というときの機能が劣等機能である。

例えば、「自分の直感（直観）は大抵において当たるので信頼しているが、書類には必ず誤字脱字があるので困る」という人は、おそらく直観が優越機能、感覚が劣等機能ということになろう。

ユングが提示した八つの基本的な意識のタイプは、優位な意識の態度（外向か内向か）と、四つの意識の機能（思考、感情、感覚、直観）のうちの優越機能一つを組み合わせたものである。

1　外向－思考タイプ

この意識のタイプの人は、客観的な事実、もしくは客観的事実に基づく知的な理解によって行動する。**知的かつ論理的に物事を理解することに長けている反面、感情をどこかに置き忘れている**ようなところがある。客観性が何よりも重んじられるべきものなので、感情のような主観的なものは排除される傾向にある。

外向－思考タイプの人に感想を聞くと、感情ではなく説明が返ってくることが多い。思考は優越機能だが、感情は劣等機能なので、**自分や他人の気持ちや感情を知的に理解することはできても、実感としては今一つよくわからない**のだと思う。

ユングは、この意識タイプは男性に多くみられるのではないかと述べている。彼によれば、女性でこのタイプの人は、思考だけではなく直観機能も強い場合が多いらしい。ただ、こうしたユングの性別と意識タイプを関連付ける言及は、ユングが生きた当時の時代の男性観、女性観を反映している部分もあるので、現代の感覚では当てはまらないところもあると思われる。

2　外向－感情タイプ

少しわかりにくいかもしれないが、この意識のタイプの人にとって**感情は主観ではなく客観**である。例えば、このタイプの人が何かを「好きだ」とか「嫌いだ」と思ったとして、それは「私がそう感じるから」ではなく、「そう感じることが社会的に正しいから」という客観的判断に基づいている。つまり、**自分の外側の基準に対して適応的に行動している**のである。

そうすることがこのタイプの人にとっては自然なことなので、適応的にふるまうために、自分の感情を隠して嘘をついたり、装ったりしているわけではない。だから、このタイプの人は、はたから見て大多数の人が理想的だと思うような相手と、特に無理することなく付き合ったり結婚したりする。

しかし、実は深く考えだすと、自分は本当にそう感じているのか疑問が生じてきてしまうため、このタイプの人は思考を抑圧する傾向にある。外向－感情タイプにとっては思考機能が劣等機能なのである。

ユングは、もともと感情機能自体が女性性の領域に属するものなので、この意識タイプの人は女性に多いとしている。

3　外向―感覚タイプ

子どもを専門に仕事をしているスイスのユング派分析家が、「学校で最も適応がよいのは外向―感覚タイプだ」と言っていた。私もこれは的を射た指摘だと思う。外向の人は基本的に、学校のルールのような**自分の外側の世界の基準に則って行動することが得意なうえ、社交的**である。

さらに感覚機能が優れていると**見たままを受け入れて行動**できるので、先生を規範にしたり、**言われたとおりに従うことに葛藤を感じにくい**。黒板に書いてあることをノートに写したり、テストの解答用紙に記入したりする際、ミスすることが少ないのもこのタイプの特徴だと思われる。

ユングによれば、この意識タイプも男性に多い。

4　外向―直観タイプ

直観は、意識的な証明や知識に頼らずに何かを感じ取る能力であるため、もともと無意識に近い機能である。それゆえ、とらえるのが難しい機能であるともいえる。

外向―直観の意識タイプの人は、**自身の直観が外側の対象に向けられており、自分の可能性を外側の世界で実現していくことに関心がある**ので、ユングの考えでは、実業界の大物や起業家、トレーダーや政治家などにこのタイプの人が多い。また、男性よりも女性に多いタイプであるとも述べている。

この意識のタイプの持ち主は、他の人が思いつかないような**革新的なアイデア**を得て、それを実現し、社会的に成功する場合もあるが、**思いつきで後先考えずに行動する**ので、単なる夢想家で終わる場合もある。

5　内向－思考タイプ

ユングは、内向－思考タイプの人物の例として、18世紀のドイツの哲学者イマヌエル・カント（Immanuel Kant）を挙げている。

ユングによれば、実際の観察に基づいて進化論を提唱した19世紀のイギリスの生物学者チャールズ・ダーウィン（Charles Darwin）は外向－思考の意識タイプの人で、ダーウィンに比べてカントは、**自分の知識**を批判的に考察していくことで自らの哲学を構築したので、内向－思考の意識タイプだという。

日本人でいえば、例えば自分の実際の経験に基づいて随筆『枕草子』を書いた清少納言は外向－思考の意識タイプの持ち主で、**自分の想像力**によって『源氏物語』を書いた紫式部は内向－思考の意識タイプの持ち主である、と考えられるかもしれない。

この意識の持ち主は、外側の客観的事実ではなく、**自分の主観的な考えを深めていくことに関心がある。**このため、自分の考えを事実に結びつけていくことには困難が伴う。

また、内向の意識の態度の持ち主は、もともと自分の外側の人や物事と関わるのが得意ではないので、一見、冷淡で、非社交的で、自己中心的な印象を人に与えるかもしれない。しかし、この意識タイプの人は、**広く浅く人と付き合うのが苦手**なだけなので、一旦親しくなれば深く付き合っていくことができるだろう。

6 内向－感情タイプ

ユングによれば、女性に多い意識のタイプらしい。この意識タイプの持ち主は、静かで、とっつきにくく、あまりわかりやすいタイプではないが、深い感情を内に秘めている。冷たく、打ち解けにくく、**感情が豊かでないと誤解されがちだが、実は外に向かって表現されないだけで、内面の感情は深みがあって豊か**である。

この意識タイプの人は、**自分の主観に基づいた感情によって物事を判断する。**もし自分が好きか嫌いかをもとに相手について判断している人がいたら、その人は内向－感情タイプの意識の持ち主ということになる。

また、内向－思考タイプの意識の持ち主と同様に、内向－感情タイプの意識の持ち主も誰とでも仲良くできるほうではなく、**自分が好きで、気が合うと感じる少数の仲間と付き合うことを好む。**

7 内向―感覚タイプ

この意識タイプの持ち主は、いわゆる**「神経質」**、**「感受性が強い」**といわれる人であろう。はやりの**HSP**（Highly Sensitive Person：非常に感受性が強く、敏感な人）もこれに当たるかもしれない。要するに刺激に敏感なのだが、自分の外側で起こることよりも**自分の内側で起こる感覚に刺激を受けやすい**。ただし、自分のことを表現するのが苦手なので、そのことは**他人にはわかりにくい**。

特に外向―思考タイプや外向―感情タイプの意識の持ち主にとっては、内向―感覚タイプは、次の内向―直観タイプとともに、自分とまったく異なる意識のタイプの持ち主である。このため、わからないからこそ知りたいと魅了されるか、あるいは、役立たずだと思うか、両極端の反応を引き起こしがちである。

8 内向―直観タイプ

外向―直観タイプの意識の人がさまざまな可能性を現実の中で追い求めるように、内

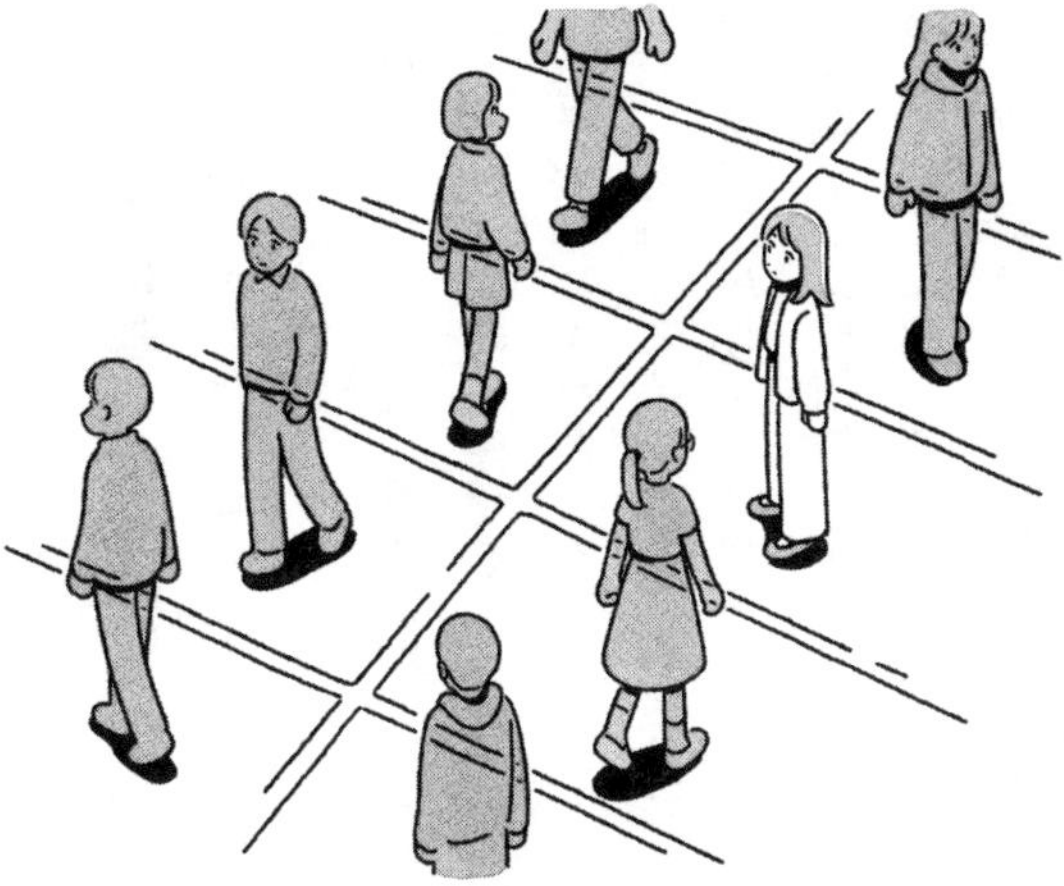

向‐直観タイプの意識の人は、**自分の内部でわき起こるさまざまなイメージを追う。**現実よりも自分の中のイメージやファンタジーに没頭する人がこのタイプである。

ただ、ユングの考えでは、このタイプの人は、皆に先駆けて思いもかけない新しい世界の姿をイメージやファンタジーを通じて得ることがあり、例えば、旧約聖書に登場する預言者たちや、カリスマ性を持った宗教的、政治的な指導者たちがこのタイプの意識の持ち主であると思われる。

内向‐感覚タイプの意識の持ち主もそうであるが、内向‐直観タイプの意識の持ち主は、無意識との親和性が高い。このため、先見者や表現者にもなり得るが、単なる夢想家や風変わりな人で終わる場合もある。**周りの人に誤解されやすい**ため、いわゆるアーティストなどによく見られる意識のあり方であると考えられている。

◉対立概念に基づく意識のタイプ

ユング心理学では、こころを含め、物事の本質には対立があると考える。タイプ論もこの考えに沿っており、二つの意識の態度である外向と内向の間はもちろん、四つの意識の機能間にも対立の考え方が適用されている。

ユングは、**思考と感情を「合理的機能」、感覚と直観を「非合理的機能」**とした。思考と感情が物事を判断する際に使われる機能であるのに対して、感覚と直観は、物事を感知し、理解する際に使われる機能であるためだ。

例えば、私たちは、何かを決めるとき、そのことについて考えたり（思考）、それが好きか嫌いか（感情）によって判断するが、そのためには、その判断をする対象が何であるかを知り（感覚）、勘を働かせる（直観）必要がある。

ユングの考えでは**合理機能同士と非合理機能同士は対立の関係にある**。したがって、もし思考が優越機能であるなら、感情は劣等機能となり、もし感情が優越機能であるならば、思考が劣等機能ということになる。感覚と直観についても同様である。

タイプ論と個性化

～目指すのはバランスのよい発展～

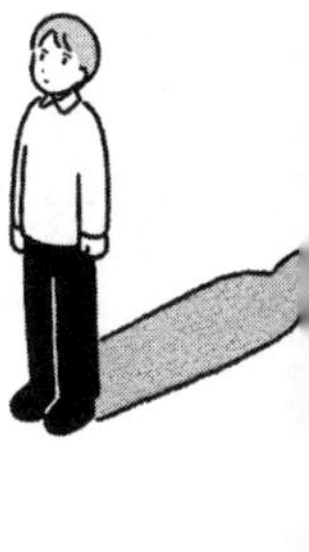

◉自分にないものとのバランスを取ることが個性化につながる

タイプ論は、ユング心理学の中では珍しく意識にフォーカスした概念であるため、わかりやすい。また、わかりやすいがゆえに、当てはめに陥りやすい。そして「自分の意識はこのタイプ」という理解で終わってしまいがちである。

しかし、**タイプ論が目指していることは「自分の意識はこのタイプ」と理解したその先にある。**

「思考」、「感情」、「感覚」、「直観」の四項目のレーダーチャートを想像してもらうとわかりやすいと思うが、例えば「思考」の項目の値が最も高い人は「感情」の項目の値が最も低くなる傾向にあり、「感覚」と「直観」の値はそれぞれ一番高い「思考」と一番低い「感情」の間のどこかになっている。この場合、全体で見ると「思考」だけが突出しており、図形の形状でいうと歪な多角形になっている。

この歪な形になっているレーダーチャートを、できるだけ項目間のバランスが取れた状態にしていきましょう、というのがタイプ論の目指すところである。項目を全体的にバランスの取れた状態にしていくことで、レーダーチャートの図形の形状は**正方形**、もしくは**円**に近づいていく。

この際、意識の四つの機能だけでなく、外向の人は自分の内向の要素を、そして内向の人は自分の外向の要素に目を向けていくことも大事である。

タイプ論は、**自分の意識のあり方の特徴を知り、あまり使っていない機能を使うよう努めたり、補ったりすることで、バランスよく発展させていくこと**を目指しており、これがタイプ論からみた個性化であると考えられる。

タイプ論における四つの意識の機能は、時間との関連でとらえることもできる。

感覚は今ここにあるものを感知するという点において現在志向的であり、感情は起きたことを判断するという意味で過去と関わりが深く、直観はこれから起こることを予感するという点で未来志向的である。そして、思考は過去・現在・未来を連続的なものとしてとらえていくことを助ける。

人には過去も現在も未来もあり、それらが円環的につながることによって一人の人の人生が形作られていく。どこか特定の時間に固執するなら、その人の意識のあり方は、どこか一面的なものになってしまうだろう。

過去・現在・未来というさまざまな視点から物事を見て、バランスの取れたものの見方ができるようになることや、自分を過去・現在・未来という時間の流れの中でとらえられるようになっていくこと――それもまた、タイプ論からみた個性化ということができるだろう。

さらに、タイプ論は対人関係において自分と異なる人を理解する助けになる。

例えば、あなたが誰かに苛立ちを感じているならば、その人はあなたと意識のタイプが違うのかもしれない。そして、その人を鏡にすれば、自分を理解することにもつながる。

しかし、これだけでは「自分と相手とは意識のタイプが違うから、合わないのは当然」という理解で終わってしまう。大切なのはここからで、**相手に学ぶ姿勢が重要**になる。相手は、あなたとは違う意識のタイプの持ち主なのだから、あなたにないものを持っているはずだ。そこにあなたが相手から何かしら学べることがあり、今後その要素を少しずつでも自分に取り入れていくことが、あなたの**優位な意識のあり方以外の意識の態度や機能を耕し、発展させていく**ことになる。

タイプ論と補償
～自分の限界を知る意味～

◉足りないところを他者に頼ることで生まれる創造性

自分の意識の態度や機能について理解を深め、発展させていくだけではなく、タイプ論には、それを通じて自分の限界を知る意味もある。

人は神ではなく、人に過ぎないので、意識の態度や機能のすべてを発展させ、完璧な存在となることはできない。私たちにできることは、自分の可能性をできるだけ実現しようと努めることだけである。

自分が限られた存在であると知ることは、人を謙虚にする。足りないところは、そこが優れた他の人に頼り、補い合えばよいのだ。そこに気がついていくこともまた、個性化の一環であるといえる。

自分が得意でないところをそこが得意な他者と補い合うということについて、ユングとユングの弟子マリー・ルイーズ・フォン・フランツ（Marie-Louise von Franz）の例をあげておきたい。ユング自身の意識のタイプは、ユング派の間では、内向－思考か内向－直観タイプであると了解されているようである。そしてフォン・フランツは、自らの意識のタイプを内向－感覚タイプであると自認していたといわれる。

ラテン語とギリシア語に精通していたフォン・フランツがユングの西洋錬金術への関心を支えたのは有名な話だが、それ以外にも、彼女の多くの著作は、ある意味ではユング自身の手によるものよりも、ユング心理学を明確にわかりやすく伝えるものとして人気がある。

フォン・フランツは「**もしユングがヘリコプターだとするなら、私はそのヘリコプターを地上に下ろすのが役割だ**」と語っていたという。浮遊するヘリコプターを地上に下ろすがごとく、ユングが書いたり語ったりする内容を的確に理解し、かつ自分が理解したことを適切に言語化することができたフォン・フランツは、優れた感覚機能と思考機能の持ち主であったことは間違いないだろう。

ユングがいて、フォン・フランツがいて、今日のユング心理学の発展があるのだから、ユングとフォン・フランツの意識のあり方は、**お互いをうまく補い合う補償の関係**にあり、それが**創造的な仕事**に結びついた好例といえるのではないだろうか。

タイプ論と文化
～異文化や多様性への理解～

◉文化圏による意識や機能の違いに対する理解と寛容

夢などの形でこころの内容が表現されるとき、その人の個人的、文化的、そして普遍的なレベルの要素が入り混じって現れる。だから、どこからどこまでが個人的なレベルのことで、どこからが文化的で、どこからが普遍的であるのか、明らかではない。

例えば、日本人の夢に富士山が出てきたとして、その人の富士登山経験などの個人の経験の要素が大きいのか、富士山が日本人にとってどのような意味を持つかなどの日本の文化的な要素が大きいのか、もしくは山の象徴性などの普遍的な要素が大きいのか、判然としない。

タイプ論に関しても同様であるが、タイプ論は、量的研究に馴染みやすく、客観的に一般傾向を把握しやすい概念であるせいか、ユング心理学の中では**文化差と結びつけて論じられやすい**。夢などにも文化差は現れるが、個人差が大きいので数値化はしにくいし、クライエントさんと分析家がどこに注目するかによっても変わってくるので、どうしても主観的な意見になる。

このためユング派分析家の間でも「夢って文化差があるよね」というふんわりとした共通認識はあるが、タイプ論ほど明確に文化による違いをとらえられない。だから、ユング派の間で文化の違いについて論じるとき、タイプ論からアプローチする場合が結構あるように思う。


例えば、タイプ論から見た**日本人一般の意識のあり方は内向−直観タイプに映る**ようで、私はイギリスでもスイスでも自分の個人分析家からそう指摘された。私自身の実際の経験からも、この指摘は外れてはいないように思う。

私は心理療法家としてイギリスとスイスの教育機関に携わる機会があったが、グループワークを行うと、日本人と西洋人とでグループ内での行動に違いが見られて興味深かった。**日本人はほとんどの場合、グループ内の調整役のポジションを取る。**調和や協調を重んじ、グループのメンバーの気持ちを推し量ろうとする。これは西洋人にはあまりみられない。グループのメンバーの気持ちよりも自分の主張が大切だからである。

日本人は西洋人に比べて、場の空気を読んだり、人の気持ちを察したりすることが得意なため、自然とグループ内で調整役の役割を任うことになるのだろう。空気を読み、人の気持ちを察するのは、そこにふわっと漂っているものをパッとつかむような力なので、タイプ論的にいえば直観が優位ということになる。また、西洋人に比べると、日本人はあまり積極的に話したり、議論したりするのが得意なほうではなく、人を差し置いてまで前に出ない。このような態度は、西洋人には内向的と映る。

アメリカ映画『ロスト・イン・トランスレーション』(Lost in Translation) など、国際的な映像作品で取り上げられた東京・渋谷のスクランブル交差点は、一躍西洋人にとっての観光名所となった。彼らにとって興味深いのは、信号が青になると1000人単位の人が一斉にさまざまな方向に向かって歩いていくのに、人同士がぶつからないことだという。これは、日本人が直接話さなくても人の気持ちを瞬時に読み取って、その人の進みたい方向を察知してよけることができるためだといわれる。こうした現象も日本人の内向ー直観的な意識のあり方を表しているといえるかもしれない。

もちろん、日本人全員の意識のタイプが内向ー直観というわけではない。ただ、**意識の態度や機能は、文化や文化圏によって、共通する一般的な傾向がある**のは確かなことだと思われる。他の国や地域の人と接するとき、こうしたことを念頭に置くと、異文化や多様性への理解が深まり、より寛容になることができるのではないだろうか。

第6章

目に見える世界がすべてではない

―シンクロニシティ―

「線の向こう側」に追いやられる痛み

◉ユング心理学は白人の心理学？

それは、私がユング研究所の講義で、講師のスイス人のユング派分析家に質問したときのことだった。講義は、文化人類学的な内容で、講師は私の質問に対して丁寧に回答した後、こう言った。「オレは前から不思議に思っていたんだけど、**ユング心理学は〝白人の心理学〟なのに、なんで白人以外の人にもアピールするんだ？**　ていうか、この研究所には、なんだってこんなに白人以外の研究生が学びに来るんだろう？」

講師は純粋な興味にかられて逆質問したようで、その質問はマイクを持つ私や、講義室にいたその他の「非白人」に向けられていた。

私はその無邪気な問いを聞いた途端、〈マジか。この時代にそれ言う？　いや、それは言ったらアカンやつ。ああ、そうか、これがいわゆる**マイクロアグレッション**〈microaggression：人種やジェンダー、セクシュアリティに関する社会的マイノリティに向けられる、一見あからさまではない無自覚な差別〉というやつね）と頭のどこかで冷静に分析しつつも、フリーズしてしまった。

短時間だったので、傍目には講師の質問に対してどう答えようか考えているように見えたかもしれないが、ショックを受けて固まってしまったのが実際だった。

私がショックだったのは、この講師が悪気なく言っていることが、本質的には**「ユング心理学はオレたちの心理学で、おまえたちの心理学じゃない」**という無自覚の攻撃性を含んでいたからだ。「オレたち」と「おまえたち」の間に勝手に線を引き、「おまえたち」を「オレたち」と「違うもの」、「異質のもの」と**ラベリング**する。そうやって線の向こう側に追いやられる痛みと悲しみを、私はいやというほど知っている。

◉ヨーロッパの日本人

私は1980年代終わりから2020年代前半まで、都合10年おきぐらいに断続的にヨーロッパで暮らしてきた。日本とヨーロッパを行き来する中で、ヨーロッパの人々の異文化に対する許容度は変化し、それに合わせて日本人の扱いも変わってきた。

私が最初にヨーロッパで暮らしたときは、日本の経済はまだ強く、中国のプレゼンスはほとんどなかったので、「東洋人＝日本人」だった。このため、街を歩いていて「コンニチハ」と声をかけられることも珍しくなかった。

しかし、寿司もマンガもアニメもヨーロッパで市民権を得る前の時代で、「経済」とか「コンニチハ」以外に日本に対する一般のイメージはそれほどなかったように思う。**ポリティカル・コレクトネス**（political correctness：人種、宗教、性別などに対して偏見や差別を含まない表現を用いること。またはその態度）の発想もほとんどなかったので、一目でわかる東洋人の扁平な顔立ちは、時に侮蔑と嘲笑の対象だった。


特に子どもやティーンは、社会や大人の態度を露骨に映し出す鏡なので、私は彼らにかなりからかわれた記憶がある。ただふつうに歩いたり座ったりしているだけで、よく知りもしない通りすがりの彼らに笑われるのは愉快な経験ではなかった。たとえ幼くて言葉がわからなくても、人は自分がバカにされたらわかるのだ。

私は別に彼らを恨んではいない。今なら、私と同じように幼かった彼らに、単に**自分たちとは「違うもの」、「異質のもの」への恐怖**があったのだろうということも理解できる。そして、こうした行為が当時の時代の空気を反映して起きたことだったとも理解しているが、それでも、勝手に線を引かれてこちらとあちらに分けられ、勝手に「あちら側」に追いやられて差別された痛みと悲しみは忘れられない。

2回目にヨーロッパで暮らしたのは2000年代で、この時はだいぶ異文化に対する風向きが変わったなと感じた。もっとも、私がこの頃暮らしていたのはイギリスで、ヨーロッパでは文化的な意味で最初に先進的な風が吹くのは基本的にイギリスなので、それもあったかもしれないとも思う。

日本文化に関していえば、寿司やマンガ、アニメが市民権を得はじめ、特に寿司は、ロンドンでは繁盛していない場末のスーパーでも、イギリスの国民食サンドイッチと比べてヘルシーでローカロリーな人気食品として売られているレベルにまでなっていた。アニメは、私が最初にヨーロッパで暮らしていた頃は、キャラクターの日本名が西洋風に改変され、例えば『キャプテン翼』の主人公・翼くんの名前はオリバーくんになって放送されていた。

また、アニメが日本産であることも伏せられていたが、この頃になるとキャラクターの名前は日本名のままになり、アニメが日本で作られたこともふつうに知られていた。当時は『ポケットモンスター』の全盛期だったので、子どもたちが「ポケモン」、「ピカチュウ」の英語発音である「ポキモン」、「ピーカチュウ」を連呼して夢中になっていたし、街にはポケモンの広告ラッピングをしたバスが走りまわっていた。

一方で、中国のプレゼンスが上がり、「東洋人＝中国人」の時代になりつつあった。街を歩いていると「コンニチハ」ではなく「ニーハオ」と言われることが増えた。


3回目は、ユング研究所への留学のための滞在だった。

私はユング派分析家の全教育訓練課程をスイスで行ったので、教育訓練の一環であるクライエントさんたちとの心理療法もすべてスイスのチューリッヒで行った。チューリッヒは、心理療法家の人数が多くて、石を投げれば当たるのではないかというほどいる。現地で育ち現地の言葉に不自由のない心理療法家がたくさんいる中、（私は日本語の他には英語しか話せないし、東洋人だし、そんな心理療法家のところにクライエントさんが来てくれるのかいな）と最初は不安だった。


ところがその不安は杞憂に終わった。

「日本には何度も旅行に行っていて大好きな国。だから、日本人の心理療法家がよかった」とか「俺のオールタイムベストの映画はハヤオ・ミヤザキの作品と『攻殻機動隊』」などと日本愛を熱く語ってくれたり、「あなたが日本人だとか、私たちが二人とも英語が母国語じゃないとか、そんなことは大した問題じゃない。**大事なのは合うか合わないかでしょ？**」と、もっともなことを言ってくれるクライエントさんたちと出会う機会に恵まれ、時代はずいぶん変わったなあと感慨深かった。

しかし、この頃になると、中国と日本のヨーロッパでのプレゼンスは完全に逆転して、ユング研究所でも、これまでは東洋から来る留学生といえば日本人だったのが、中国人にとって代わられた。

◉骨が変わるのに必要な時間

そんな中での講師の「ユング心理学は白人の心理学」発言である。

私は一気に最初のヨーロッパ滞在の時間に引き戻される感じがした。線引きされた時のトラウマが、またパックリ口を開ける音を聞いて、私はフリーズしたのだと思う。**トラウマは、かさぶたができてふさがったように見えても、同じようなことが起こるとまた口を開けて血を流す**といわれるが、そのことを実感した。

私は気を取り直し、努めて冷静に講師の問いにこう答えた。

「あなたの質問には正直驚いています。確かにユングは、白人のキリスト教徒でヨーロッパ人だったし、彼の生きた時代背景もあって、異文化への理解には限界があった。だけど、どこの文化に属するかにかかわらず、人間は同じようなことを疑問に思い、思考を重ねてきました。ユングもそういう一人だったと思います。彼の主な切り口はキリスト教やヨーロッパの文化だったけれど、**異文化に対するリスペクト**があったし、**普遍に届くことを目指してこころを探究**していた。だから、ユング心理学は普遍性を備えていて、決して白人にしか当てはまらない心理学ではないと私は思っています」

この講師は、かなり重鎮のおじいちゃん先生だったので、件の発言にはもしかしたら年齢的な要素もあったのかも、と密かに思っていたのだが、その希望的観測は早々に覆された。休み時間になると若い世代の白人の研究生が何人か寄って来て、先ほどの私と講師の問答に触れ、**「いや、実はオレも講師と同じこと思ってたんだよな〜。でも、君の答えで疑問が解けたわ」**的なことを言ってきたからである。

誤解のないように言っておくと、ユング研究所の分析家や学生はほとんどがリベラル派で、異文化や多様性への関心も許容度も高い。そうでなければ〝人権なし〟ぐらいの雰囲気がある。何せ「アメリカ・ファースト」を唱えるドナルド・トランプが大統領になったとき、世界の行く末を案じてエンパワーメント・ミーティング（状況を変える力を得たり、支え合ったりするための集まり）を開くような人たちである。しかし、そんな人たちにも、盲点というものはあるのであった。

そもそもユング派分析家になろうとするようなもの好きは、ある程度の知識層で中流階級以上の出身者であることが多い。だいたいユング研究所の学生の応募条件自体がMA（修士号）以上の学位保持者になっていて、それを満たすためには必然的に一定レベルの知力と経済力が必要となる。

そんな中で「白人」という属性を持っている場合、それはもうかなりの社会的強者ということになる。さらに「男性」で「ストレート」（異性愛者）という属性が加われば、とりあえず表面的には最強である。

おそらく、そういう人はこれまで生きてきた中で、「違うもの」、「異なるもの」として有無を言わさず「あちら側」に追いやられて差別された経験はほとんどないのではないか。だから、たとえリベラルを自認していても時折、**社会的マイノリティに対する無自覚な差別**が顔をのぞかせる。**「知識として知っていること」**と**「経験として知っていること」とは別物**だからだ。

昔、『セックス・アンド・ザ・シティー』（Sex and the City）というニューヨークを舞台にしたアメリカのドラマで、ファッションにうるさい主人公の「**私たちは洋服を着て着飾るけど、一皮むけばみんな骨に過ぎない**」というナレーションとともに、登場人物たちが骨だけの状態になって街を行き来する様子が映し出されるシュールな回があった。

「違うもの」、「異質のもの」に対する意識や感情もこれと似ている。「ポリティカル・コレクトネス」とか「マイクロアグレッション」とか、「あちら側」に追いやられて差別される人の武装アイテムは増えたし、異なる文化圏の間での人や物の往来も活発になって、特に若い世代の異文化や多様性への許容度は飛躍的に上がり、社会の寛容性は増した。

そうやって身に付けられる物は増えて、**異文化や多様性への理解を装うことはだいぶ簡単になったが、そうなったからといって中身までいっぺんに変わるわけではない。**「違うもの」、「異質のもの」に対して線引きをする意識や感情が消えてなくなったわけではなく、ふとした瞬間に表に出てくる。外側だけではなくて、一皮むいた骨の部分が変わるのには、きっと長い長い年月がかかるのだ。

「普遍を志す心理学」としての異文化へのリスペクト

◉線引きした「その先」が問題

ユングは、ストレートのゲルマン系スイス人の白人男性で、類まれな知性と教養を備え、ウィークポイントは実家が裕福でないことだったが、それも後年、スイスで最も金持ちの女性の一人と結婚することで補われた。この意味において、ユングは社会的強者であったし、そうであるからこその**異文化に対する無神経な態度**も垣間見られる。

このあたりのことはユング派の内外から批判され、議論されてきた。

私自身は、ユングの生きた時代背景や、今と比べると社会の多様性や寛容性が少ない点を考慮しなければならないと思うので、こうした議論にはあまりくみしないが、疑問の声をあげること自体は大事なことだと考えている。ただし、ユングの異文化への無神経さは、どちらかといえばアフリカ系の人々やユダヤ人に対して顕著に見られるので、東洋人の私は距離をおいて見られるだけなのかもしれない。

いずれにしても、ユング心理学が単なる「白人の心理学」にとどまらず、日本を始めとした非西洋の国々にも広まったのは、ユング心理学が**普遍を志す心理学**であったことと、ユングの**異文化へのリスペクト**があったためではないかと私は思っている。

『ぼくはイエローでホワイトで、ちょっとブルー2』には「いったいあなたは人生何周目？」と聞きたくなるような、著者のブレイディみかこさんの見事な息子さんが登場するのだが、彼が「**誰かのことをよく考えることは、その人をリスペクトしていること**」（ブレイディ、2021，位置No. 236）という主旨のことを言っていて、なるほどこれは至言だなと膝を打った。

ユングには、持って生まれた属性と生きた時代という彼自身の限界があった。それは彼の心理学であるユング心理学にも反映されている部分がある。

それでも、ユングは異文化に興味を持って対話をし、異文化についてよく考えた人だと感じる。確かに、ユングは異文化を「違うもの」、「異質のもの」として線の向こう側に置いた。けれども、引かれた線の向こう側の人が傷つくのは、線を引かれて分けられることよりも、そこに「排除」や「優劣」が重ね合わされて、「おまえらはオレらの一員じゃない」とか「君たちは私たちより劣っている」とか勝手に決めつけられることなのだと思う。

分断や格差を感じさせられ、社会的に抑圧されることは本当に辛い。だから、**線引きをすることよりも、線引きした「その先」のほうが問題**なのだ。

ユングは「ヨーロッパ」や「西洋」と、その他の地域や文化との間に線は引いていたけれど、その先に「排除」や「優劣」はあまり持ち込まなかった。もちろん、今の時代の基準に照らすと、使ってはいけない言葉や表現は見られるし、マイクロアグレッシブに感じる部分はあるにしても。

ユングは、異文化を「排除」したり「優劣」をつけて差別したりするのではなく、むしろ「ヨーロッパ」や「西洋」の「鏡」としてとらえていた。だからユング心理学は、今の時代でも異文化に対するリスペクトが感じられるし、異文化についてよく考えることを通じて、普遍を探究していくことができたのではないかと思う。

合理性以外の視点を開く
シンクロニシティ

◉「理不尽」は合理性だけで直視するには耐えがたい

ユングの異文化への興味と探究がもたらした結晶の一つが**シンクロニシティ**という概念である。シンクロニシティは**共時性**とも訳され、**現実の出来事とこころで起きていることが偶然に一致すること**を指す。簡単にいえば、「現実とこころのシンクロ」ということになるだろう。

ユングは、こころに関する現象を合理的に説明することは難しいと考えていた。例えば、現実と夢がリンクすることはよくあるが、現実で起きたことが夢に反映されたのか、夢で見たことが現実に反映されたのか、判然としない。「りんごが落ちて（原因）地面にぶつかる（結果）」という物理的現象のような明確な因果関係がなく、科学的に証明もできないからだ。

ユングは、関連があることを合理的な形では証明できないけれど、関連があると感じられたり、直観できたりすることをシンクロニシティと呼んだ。ユングは、シンクロニシティを説明するのに、ある若い女性のクライエントの例を挙げている。

ある時、このクライエントは「黄金のスカラベをもらう」という夢を見た。彼女がこの夢をユングに話しているとき、ユングの背後の窓から音が聞こえた。飛んでいる虫が外から窓をノックして生じている音だったので、ユングが窓を開けて入ってこようとした虫を捕まえると、それは黄金のスカラベに似たコガネムシだった。このクライエントは合理的な態度が強固な人だったが、この現実と夢がシンクロするという不思議な経験をしてから、その態度がやわらぎ、変化していったという（Jung, CW8, para843）。

このように**シンクロニシティは合理性以外の視点を開いてくれる。**人生は合理的に説明できることばかりではなく、「なぜ?」と思うような理不尽なことも降りかかる。理不尽は合理性だけでは耐えがたく、それだけに頼れば因果関係にとらわれて原因探しをすることになり、大抵「自分が悪い」、「○○のせいで……」と自分や誰かが原因になる。

合理性について考えるとき、私はイギリスでの学生時代に出会ったあるクラスメイトとの苦い経験を思い出す。

ある時、その人の話を聞きながら足を組んだところ、突然怒り出し、「足を組むということは、あなたが私の話を聞きたくないと思っているということだ」と言い出してびっくりした。私にはそのような意図はなく、たまたまその姿勢をとっただけだったので、そう説明したのだが、クラスメイトのほうはまったく信じてくれず、私がその人の話を聞きたくないのだと言い張った。

以来、私のちょっとしたしぐさがどう受け取られるかわからないので、私はその人と話すことに息苦しさを感じるようになり、距離を置くようになった。

当時の私にはわかっていなかったのだが、このクラスメイトはおそらく、すべてのことを因果関係でとらえて必然にしてしまう人だった。起こることにはすべて自分を指すような理由があるという、必然ばかりの自由度の低い世界で生きていたのだと思う。私が感じた息苦しさを、きっとこの人も感じていたのではないか。私が特に理由もなくたまたま足を組んだだけだということを信じられないということは、どれほど苦しくて辛いことかと思う。この人は因果関係にとらわれていて息苦しく、この人と関わる人もその因果関係の中に巻き込まれて息苦しくなってしまう。

因果関係が息苦しさを生むのは、視野が狭くなるからだ。**因果関係は、起きていること**

との全体を見ずに、原因と結果だけ抜き出して理解しようとする。まさに「木を見て森を見ず」だ。

けれども、少し顔を上げて見渡せば、森が見えるはずだ。あの頃の私が森を見渡す視点を持っていれば、クラスメイトが言ったことだけを見て因果関係の中にとらわれるのではなく、その発言に至った状況や流れを見て、異なる構えを持てていたかもしれない。そうなっていれば、私たちの関係性も違った経過をたどったかもしれない。もうやり直すことはできないけれど、この経験は私に、合理性や因果関係にとらわれることの危険を教えてくれた。

原因や結果にこだわる気持ちから離れて、起きたことを全体として見る。人生は、すべてを自分で決められるわけではないし、自分が思いつく原因や結果だけで説明できるわけではないのだから。

自分の人生の流れの中で、起きたことの意味を見つけていくようにすると、狭い場所から出て、息苦しさから抜け出せる。シンクロニシティは、そういうきっかけをくれるのだ。

ユングと東洋の文化

◉「易の示す現実」と「こころの状況」のシンクロ

　私の個人分析家は、よく**「もしユングが東洋の文化と出会わなかったら、ユング心理学は今日のような形ではなかっただろう」**と言っていた。少なくとも、東洋の文化がユング心理学に深みを与えたことは事実であろう。20巻のユング全集のうち、11巻はまるまる1巻分を費やして西洋と東洋の心理と宗教について比較研究した論文を収めており、ユングの東洋の文化に対する関心のほどがうかがわれる。

　シンクロニシティという概念が見出された背景には、ユングと東洋の文化との出会いがあった。ユングはこころに関する現象を説明するのにふさわしい原理を探し求めており、その探究の中で出会ったものの一つが東洋の文化であった。

　ユングは、タイプ論の研究を通じて中国の**道**《タオ》の概念に興味を持つようになり、1920年代初めにドイツ人の宣教師リヒャルト・ヴィルヘルム（Richard Wilhelm）と出会

ったことがさらに東洋の文化への関心を深めることとなった。ヴィルヘルムは中国で25年間暮らし、中国語に堪能で、中国の哲学や宗教に精通していた。

ユングが古代中国の占いである**易**を始めたのは1920年ごろのことである。易は、伝統的には乾燥させた50本の植物の茎（蓍策《しさく》）や竹の棒（筮竹《ぜいちく》）を用いるが、同じ種類のコイン3枚（例：10円玉3枚）でも代用できる手軽さがある。自分が尋ねたいこと（「どちらを選べばよいか」といった選択を問うものではなく「今の自分の状況を知りたい」といった状況や段階を問うものが望ましいとされる）を念じながら3枚のコインを同時に6回投げ、各回で裏と表のどちらが出るかによって卦《け》を作っていく。占いとはいえ、古来より中国に伝わる知恵の集大成なので、得られる内容は深淵で、人が遭遇する人生におけるさまざまな局面を、変化していく時の流れの中にどう位置づけていけばよいのかのヒントが示される。

ユングは一夏を費やして易に熱中し、易の示すものとこころが符合している感覚を得た。易の示すもの（現実）とこころの状況や段階とがシンクロしていることが感じられたのである。この感覚が後に、シンクロニシティとして概念化されていくこととなった。

◉西洋流の因果律では説明のつかないレインメーカーが降らせた雪

ユングが易を通じて出会ったのは**意味のある偶然の一致を受け入れる東洋の態度**であった。易において起きることはすべて偶然であるにもかかわらず、因果律では説明のつかない一致が生じる。

「蓍策や筮竹が何本残るか」や「コインを投げて表裏のどちらが出るか」は偶然なので、それによって得られる卦《け》も**偶然の産物であるはずなのに、こころの状況を的確に言い当てるようなことが起こる**。この偶然の一致を意味のあることとして尊重する東洋の態度を易に見たユングは、西洋のものの見方はあまりに因果律に偏り過ぎていて行き詰まりを見せているため、東洋の態度に学ぶところがあると考えていた。

ユングがシンクロニシティを語る際、好んで引用したのが、ヴィルヘルムの中国滞在時のレインメーカーのエピソードである。レインメーカーとは、干ばつが続いた際、雨を降らせるための儀式を行う雨乞い師のことである。

ヴィルヘルムが住んでいた地域で干ばつがあり、雨乞い師を呼ぶことになった。

別の地域からやってきた雨乞い師の老人が三日間小屋に籠ると、四日目に吹雪となり、大雪が降った。雪が降るなど考えられない季節だったので、驚いたヴィルヘルムがどうやって雪を降らせたのか雨乞い師に聞くと、老人は自分は何もしていないと言う。では小屋に籠った三日の間、いったい何をしていたのかとヴィルヘルムが問うと、雨乞い師はこう答えた。「**この土地は、秩序が乱れておる。天の定めに則っていない。この土地が道《タオ》から外れているので、わしも物事の自然な秩序から外れてしまった。三日待ってわしが道《タオ》の中に再び戻ると、四日目に雨（雪）が降ったのじゃ**」（Jung, CW14, pp.419-420）。

「道《タオ》」とは、中国に古くからある考え方の一つで、人や物事が通って目的地にたどり着くための流れ、道徳や規範、宇宙自然の普遍的法則などを指す、広範な意味を持つ定義の難しい概念である。私などは道《タオ》と聞くと、なぜかブルース・リーの「Don't think, feel!」という映画『燃えよドラゴン』のセリフが浮かんでしまうが、おそらく道《タオ》は、頭で考えるとわからなくなってしまうので、感じるほうがよい概念だと思っている。

ちなみに、道《タオ》は、特に西洋人のユング派分析家に非常に好まれている言葉であり、ユング研究所でも日常用語化していた。何かというと「道《タオ》がある」とか「道《タオ》がない」という話になる。道《タオ》は西洋の言葉にはうまく翻訳できない包括的な概念で、東洋のエスプリや神秘性も感じられるため、使い勝手がよいのだろう。

ユングは、**「道《タオ》の中に戻った」**というレインメーカーのとらえ方に、「何か（原因）が別のことを引き起こす（結果）」という西洋流の因果律とは異なる態度をみる。レインメーカーは、「自分（原因）が雨を降らせた（結果）」のではなく、「自分が三日間小屋で待って道《タオ》に戻ったら、自然に雨（雪）が降った」と考えているからである。

要するにレインメーカーは、自分が関与したために雨（雪）が降ったのではなく、自分とその土地とがあるべき秩序の中に戻ることが同時的に起きた、という見方をしているのである。

◉自分がととのえば、おのずと外的な状況もととのう

このエピソードが示しているように、東洋では**「自分の内と外は連動していて、自分がととのうと、待っていればおのずと外的な状況もととのう」**と考えられており、西洋のように原因や結果を求めないのだとユングはとらえていた。

それは、ユングにとって、**物事から原因と結果だけを切り取って理解しようとするのではなく、物事をトータルで見て理解しようとする態度**でもあった。

このようにシンクロニシティという概念は、東洋のものの見方に大きな影響を受けている。ただ、科学技術の発展と近代化により、科学的な世界観や西洋的な価値観が世界

規模で普及した。これによって、東洋においても、東洋的なものの見方は、科学的でない時代遅れの遺物とみなされ、抑圧されるようになってしまった。

しかし、東洋人のこころの奥底には、こうしたものの見方が眠っている。シンクロニシティという概念が西洋人にとっては異文化との出会いであるならば、東洋人にとっては自分のルーツともう一度つながる意味合いを持っているように思う。

さらにいえば、ユングは東洋を研究した後、西洋についての研究に比重を置き、特に**西洋錬金術**に傾倒していくことになる。西洋の探究を深めていく中でユングが見出したのは、東洋的なものの見方が古くは西洋にも息づいていたということであった。東洋の場合よりもずっと早くに抑圧されてしまったが、シンクロニシティという概念によって見出されたものの見方は西洋にも存在しており、人間にとって古く、根源的なものの見方であることがわかったのである。

シンクロニシティは、テレパシーなど少々オカルトめいた文脈で理解されていることも多いが、私は、シンクロニシティという概念が見出された心理学的な意義は、物事を理解するにあたり、因果だけが唯一の見方ではないこと、そしてそれが、自分のこころの古い部分と出会い、意識を広げることでもあると示したことにあると思っている。

観測者がいることで意味が生じるシンクロニシティ

◉ユング心理学と通じるものがある量子の世界

シンクロニシティが成立するためには、**「偶然同士を関連づけ、意味を感じる人」**が必要になる。そういう人がいなければ、偶然は単なる偶然のまま終わってしまう。

前述のユングのクライエントの例でいえば、ユングだけではなく、クライエントの女性も自分の夢の中の黄金のスカラベと、窓から入ってきた現実のコガネムシとの間に関連と意味を感じた。「夢の中の黄金のスカラベ」と「現実のコガネムシ」が何の関係もない別々の出来事としてとらえられなかったからこそ、それは彼女の変化のきっかけとなったのである。

このあたりには、東洋の文化の他にシンクロニシティの概念成立に貢献した**量子力学**との関連が感じられる。物質を形作る原子や、その原子を形作る電子、陽子、中性子、さらにはニュートリノやクォークといった素粒子など、ナノサイズ（1メートルの10億分の1）以下の世界は、私たちが普段暮らす世界とは異なる法則が働いており、その法則を解き明かそうとするのが量子力学である。

ユングは、ノーベル物理学賞を受賞したオーストリアの物理学者ヴォルフガング・パウリ（Wolfgang Pauli）を通じて量子力学についての知識を深めた。パウリは、1932年から2年間、クライエントとしてユングのもとに通い、その後は共同研究者として議論する間柄になった。量子力学は、シンクロニシティについての科学的な説明をもたらした。

量子は、私たちや私たちの身の回りの世界を構成する極小単位の要素であるにもかかわらず、量子の世界は、私たちが見ることのできる世界とはまったく異なる法則で動いている不思議な世界である。

その最たるものが、**観測者の有無によって量子の振る舞いが変わる**ということだ。どうやら量子は誰かが観測していることがわかるらしい。観測者が意識的に「こうしてほしい」と念じると、さらに振る舞いが変わるという実験結果もある。

このように量子の世界は、無意識が日常の世界とは異なる法則で動いているとみなすユング心理学と通じるものがあり、量子力学の研究者でユング心理学に興味を持ったり、ユング派分析家になったりする人は割といる。

観測者によって物事のありようが変わるという量子の世界の法則は、まさに**「偶然同士を関連づける人＝観測者」がいて初めて物事の意味が生じる**シンクロニシティに通じる。

私はいつも、シンクロニシティと量子の世界のことを思うとわくわくする。自分の足元どころか自分の内部にも不思議な世界が広がっていることは、目に見える世界だけがすべてではなく、私たちが実はこころの世界も含めた多層的で多元的な世界に生きていることを改めて感じさせてくれる。

物事は、私たちが思うよりも、もっといろいろなことが重なって起こっていて、世界は不思議であふれている——、だから面白いし、生きる意味がある場所なのではないかと信じさせてくれるのだ。

第7章

人生には答えよりも大事なものがある

―対立概念と第三のもの―

物事の本質には「対立」がある

◉対比によって理解が進み、心的エネルギーが生まれる

「私はいったい、石の上にすわっている人なのか、あるいは、私が石でその上に彼がすわっているのか」（ユング、1972, pp.39-40）――これは、7歳から9歳ごろのユングが自分の家の庭にある石の上に座って想像していたことである。ユングの自伝を初めて読んだ当時、この箇所が印象に残った。自分とそっくりだったたからだ。

小学校に上がる前後だったと思うが、私は川辺に行くと、よく水面をのぞき込んでいた。見つめていると、だんだん自分と水との境界線があいまいになって、自分が川なのか、そうではないのかがわからなくなるのが好きだった。川になることも魅力的に思えて、身をゆだねたい気持ちにかられ、不思議な恍惚感を覚えた。はたから見ると、川をじっと眺めているアブない子どもだったと思うが、あの感覚は今でも自分の中に鮮明にある。

だから、ユングのこのエピソードを知ったとき、生きている時代も場所も文化も違う人が、自分と同じようなことを思っていたことに、嬉しさと心強さを感じた。**私と同じように世界を経験したこの人のことを信じられる**——そう思った。

私がのちにユング心理学を学び、ユング派分析家にまでなったのは、この時、感じた信頼が根っこにあるのだろう。

ユングのこのエピソードからわかるのは、彼が幼少期から**二つの物事の間の関係**に惹かれていたことだ。物理的には別の存在であるはずの「石」と「私」の境界が揺らいでいる。「私」は「石」の上に座っていると思っていたけれど、はたして本当にそうなのか——そう疑うことは、「私」とは何なのか、「石」と「私」を分けるものは何なのか、という深遠な問いを含んでいる。

ユングの二つの物事の間の関係への関心は、ユング心理学の根幹を成す**対立概念**へと昇華していく。ユングは、自分の生涯の仕事の大部分はこの概念の研究に費やされたと述べており（ユング、1973, p.48）、ユング心理学にとっていかに重要であるのかがわかる。

ただ、「対立概念」と訳されてはいるものの、私の考えでは、ユングの意味するところは**対概念**に近いときもある。「対立概念」というと、「対立」という言葉を含んでいるため、二つの物事の間の関係が対立や矛盾に限定されてしまう。しかしユングは、必ずしも二つの物事の間の対立や矛盾だけではなく、どちらか一方だけでは成立せず、対になって初めて成立するような関係も念頭に置いているように思われる。

例えば「善／悪」、「男性／女性」、「意識／無意識」のようにペアで使われ、**一方を定義することが他方を定義することにつながるような関係**である。善も悪も、男性も女性も、意識も無意識も、対立的にとらえられる部分もあるが、それだけではなく、お互いがお互いを規定するペアでもある。

ユングにとって二つの物事の間のこうした関係は、認識や理解、そして私たちの生命エネルギー（心的エネルギー）の源であった。二つに分けることによって、私たちは一方をそれとは異なるほうとの対比において認識し、理解することができるし、対立する内容がこころの意識と無意識にそれぞれ起こることで心的エネルギーが生まれる。

つまり、ユング心理学の観点では、**物事の本質には対立があり、対立なくして「こころ」の動きを含めた生命活動はない。**

自分の中の「対立」を理解する

◉こころの中に息づく二つの人格――No.1とNo.2

ユングは自分の内に宿る対立に早くから気がついていた。特に有名なのは、ユングが**No.1とNo.2と名付けた二つの人格**である。

この二つの人格についてユングはこう記している。

「私はいつも自分が二人の人物であることを知っていた。一人は両親の息子で、学校へ通っていて、他の多くの少年たちほど利口でも、注意深くも、勤勉でも、礼儀正しくも、身ぎれいでもなかった。もう一人の人物は、おとなで――実際年老いていて――疑い深く人を信用せず、人の世からは疎遠だが、自然すなわち地球、太陽、月、天候、あらゆる生物、なかでも夜、夢、『神』が浸透していくものすべてとは近かった」（ユング、1972, p.73）。

ユングは、前者のいわゆる**「社会で生きる普通の人」**としての人格をNo.1、後者の**「世**

界の不思議に開かれたこころの探究者」として の人格をNo.2と呼んだ。
ユングは、生涯を通じてこの二つの人格を内に持ち、とりわけNo.2の人格は、ユングがこころの探究を進めるうえで、内なる導き手として最も重要であり続けた。

ユングにとってNo.1とNo.2は、**自分のこころの中に息づく対立するもの**であった。
No.1は年相応で常識的で社会に適応して生きることができ、No.2は年老いていて風変わりで孤独を好むという点で対立的であり、同時に分かちがたく結びついたペアでもあった。この二つの相反する傾向をユングは自分の内に宿しており、そのことを意識することができていた。

対立を抱え、耐えて待つ

◉「私の答え」を見出すために、十分に悩み、苦しみ、待つ

ユングがNo.1とNo.2を生涯にわたって内に抱え続けたように、ユング心理学が目指しているのは対立の迅速な解決や解消ではない。**対立は緊張や葛藤をもたらすが、ユング心理学が目指すのは、その緊張や葛藤を抱え、持ちこたえることにある。**

このユング心理学の態度は、以下のユングの言葉によく表れている。ユングの高名な弟子の一人でイギリス人のユング派分析家バーバラ・ハナ（Barbara Hannah）によると、冷戦について問われたユングはこう答えたという。

「私の考えでは、どれだけの人が対立のもたらす緊張に耐えられるかが焦点になると思います。もし十分な数の人が耐えられたなら、おそらく状況は保たれ、無数の脅威を忍び歩いて最悪の大惨事――つまりは、対立するものの衝突による最終戦争である核戦争――は避けられるでしょう。でも、もし多くの人が緊張に耐えられず、核戦争が起き

れば、これまでに多くの文明が——もう少し小規模な形ではありますが——終わってきたように、私たちの文明も終わりを迎えることになるでしょう（筆者翻訳）」（Hannah, 1997, p.129)。

ユングが冷戦を通じて示唆しているのは、二つの物事が対立し、緊張状態に陥ったとき、それに耐えることが大事になってくるということである。

冷戦は第二次世界大戦後に二つの国——アメリカとソ連——の間で起きた対立で、国際社会に45年間にわたる緊張状態をもたらした。その間、１９６２年のキューバ危機など、核戦争寸前にまで至ったこともありつつも、何とか核のボタンには手をかけずに１９８９年の冷戦終結まで持ちこたえた。

緊張や葛藤は苦しいしモヤモヤするので、早く解決してその状態から解放されたいと思うのが人情である。けれど、早く解放されたいと願うあまり、**安易に答えに飛びつけば、それは破滅につながりかねない**——そう、もし冷戦において緊張状態に耐えきれず、核のボタンを押していたら、地球は今ごろ終わりを迎えていたように。

このユングの考えは、西側諸国とロシア、さらにはアメリカと中国を中心とする安全保障上、経済上、政治体制上の対立、そして各国の国内における経済的な格差による対立という、いわば地球上の横軸と縦軸の双方での対立を抱えて混迷を深める現在の世界を生きていかざるをえない私たちにとって、より一層価値を持つ態度なのではないかと思う。

ユングは、無意識からのメッセージである夢やイメージを理解するためには、「こういう意味だ」とすぐに結論を出すのではなくて、夢やイメージの「周りを歩くこと」(circumambulate)が大事だと言っているが、それはここでも当てはまる。緊張や葛藤からすぐに逃れようとするのではなく、そこに踏みとどまって「周りを歩くこと」が必要なのである。**葛藤や緊張は、周りをぐるぐると歩いて、じっくり悩んだり苦しんだりして答えが出るまで待つことにこそ意味がある。**

そもそも人生には正解はない。ならば、葛藤や緊張に対しても「私の答え」を見出さなければならないが、それは、十分に悩み、苦しみ、待つことなしに簡単に見出せるはずもないのである。

まず「問う」ことから始めよう

◉「誰かの答え」を「私の答え」にしていないか

ユング心理学では、性急に答えを出さず、葛藤や緊張を抱え、持ちこたえて待った先に**第三のもの**（the third）が見えてくると考えている。それは誰かが与えてくれるものではなく、また葛藤や緊張から逃れるために出したその場しのぎのものでもない、「私の答え」である。

「私の答え」にたどり着くためには、夢などの無意識からのメッセージをヒントに、ああでもない、こうでもないと、ぐるぐる考え続けたり、納得がいくまで時間をかけたり、時には待ったりしなくてはならない。モヤモヤした状態が続いてしんどいが、実はそのプロセスこそ面白いし、人に深みと成長をもたらしてくれる。また、誰かと話してみたくなって、新しい出会いや対話のきっかけにもなるだろう。

反面、こうしたプロセスは面倒で、時間がかかり、体力もいる。コスパもタイパも悪いから、「早く答えがほしい」ということになりがちである。

多くの人々の欲求を反映して、世間は答えであふれている。「〇〇したら楽になる」、「人生をよく生きる方法」のようなハウツー本はたくさんあるし、「これは良いこと」、「あれは悪いこと」と線引きし、「その悩みの解決策はこれです」と示すメディアのコンテンツも多い。SNSでも考察合戦や反省会が繰り広げられ、そこで発せられる意見や見解に簡単に乗っかることができる。

しかし、**手っ取り早く手にした答えは「誰かの答え」であって「私の答え」ではない。**

◉問いによって意識を広げ、自分の持つ可能性を開花させる

最近、葛藤や緊張が引き起こす苦しさに耐えて思考し続けることを意味する19世紀のイギリスの詩人ジョン・キーツの言葉**ネガティブ・ケイパビリティ**（negative capability：**消極的受容力**）をよく耳にするようになったのは興味深いことである。

とはいえ、多くの人々の欲求は「早く答えがほしい」であるから、これに抗い、「ネガティブ」な苦しさやモヤモヤに耐えて考え続けるのは、なかなかに難しい。みんな忙しいし、いつまでも考え続けたくない。「誰かの答え」を得て、わかった気になれば安心できる。

心理療法にも、心理療法家の解決策を求めて来る人は多い。ユング派の心理療法は、そのような心理療法ではないので、答えが与えられないとわかると落胆する人もいる。ユング派の心理療法は、**夢分析などを通じてモヤモヤの中に留まる体力を鍛えてもらい、自分の中から「第三のもの」が現れてくるのをじっと待つ**心理療法なのである。

葛藤や悩みは一人で抱えるのは大変だが、誰かと一緒ならたやすくなる。無意識からのメッセージは一人で耳を傾けるのは難しくても、誰かと一緒ならより多様な視点から検討することができる。待つことは一人では苦しいが、誰かと一緒なら耐えやすくなる。ユング派の心理療法家や分析家は、その「誰か」になるためにいる。

ユング派の心理療法という形でなくとも、まず答えを「問う」ことから始めてほしい。それは誰かの答えではなく「私の答え」なのか、十分に時間をかけて自分の中から出てきた答えなのか問うてみてほしい。問うことは「私の答え」への第一歩だと私は思う。

私のクライエントさんに、親に虐待されて育った人がいた。この人にはきょうだいがおり、同じように虐待を受けていたが、親の支配から逃れられたのは、この人だけだった。なぜきょうだいの中でこの人だけがそうできたのか尋ねると、こう返ってきた。

「問うことができたからです。親のすることがおかしいのではないかと疑問に思うことができた。それがなかったら、きっと今もきょうだいと同じように親の支配下にいて、あなたの目の前にいることはなかったでしょう」

ユング心理学もユングの問いから始まった。前述した「自分が石なのか石でないのか」はもちろん、さらに決定的だったのは、12歳の時に見た「神がバーゼル大聖堂の屋根の上に排泄をしている」という神の権威を問うヴィジョンであった。後年、ユングは「**あのヴィジョンは、私の人生の指針だった**」と回顧している（Hannah, 1967)。

ただ、「問う」ことは物事を複雑にする。「誰かの答え」を生きるほうが深く考えなくて済むから、ずっと簡単で楽だ。私のクライエントさんもユングも、「問うことができる人」だったために、「私の答え」を求めて悩みや苦しみの多い人生を歩むことになったし、それは彼らを孤独にもした。

それでも、私は彼らの「問い」は意識を広げ、自分の持つ可能性を開花させて人生を豊かにしたのではないかと思う。それに、たとえ与えられた答えで満足して思考停止し、その場をやり過ごすことができたとしても、**ちゃんと自分の答えを出さなかったツケ**は、その後の人生、もしくはその人の子どもなどの将来世代に回って、まるで借金のように先送りされていくだけである。

「じゃない」選択をする意味

◉たとえ無難で合理的ではないとしても信頼に足る「私の答え」

ユング心理学のいう「第三のもの」、あるいは「私の答え」とは、夢などの無意識からのメッセージを聞きながら、**十分な時間をかけて悩み、苦しんだ末の、対立する二つの物事のどちらか「じゃない」選択**である。二つの物事のどちらの要素も含んでいるかもしれないし、二つの物事の周りを歩く中で生まれたまったく別のものかもしれない。いずれにしても、それは最初にはなかった新しい選択である。

「じゃない」選択は、自分の中から現れたものなので、**必ずしも無難で合理的だと考えられているような選択「じゃない」場合も多い**。自己が導く個性化に沿った無意識の提案は、意識の望みと必ずしも合致しないからである。

また、個性化は「個」である自分の内からの要請に従って生きることであって、社会や集団の要請に従って生きることではない。たとえ多くの人が選ばない選択であったとしても、葛藤に耐えて考え続け、内なる声に耳を傾け、時間をかけてたどり着いたのならば、それは**その人の人生において意味を持つ「間違っていない」選択**なのだろうと思う。

ユングも人生において無難で合理的「じゃない」選択をしてきた人だ。

フロイトと意見が合わなくても、飲み込んでいれば後継者の座が約束されていたのにそうしなかったし、フロイトとの決別の後、長い精神的危機に陥ることになった。また、アカデミックな経歴の道を捨てて大学を去り、自分の心理学を打ち立てていく道を選んだ。自分の心理学がまだ海の物とも山の物ともつかない中、大学の教員という安定した社会的地位を捨てることは、怖さを伴う決断だったに違いない。別にユングも好んでそうしたわけではないだろうが、自分の内なる声に信頼をおいて一歩を踏み出した。

ユング心理学もまた、**「じゃない」心理学**といえるのかもしれない。

ユング心理学は、一般に深層心理学や力動的心理学という、「無意識」の存在を想定する立場をとる心理学に分類される。深層心理学や力動的心理学の典型は、フロイトの創始した精神分析学であると理解されており、「力動的」が「精神分析的」の意味で使用されることもある。ユング心理学は精神分析学「じゃない」ので、精神分析学の亜流や支流のようにとらえられている節がある。

私も日本の精神科医に「精神分析学ならわかるけど、ユング心理学で患者さんはよくなるの？」と聞かれたことがある。スイスでも事情はさほど変わらないようで、現地の精神科医によると、スイスでは精神科医になる際に精神療法の専門分野を選ぶのだが、選択肢の中に精神分析学はあるがユング心理学はないそうである。そのうえ、精神分析学を専門に選んでも、ユング心理学は一切学ばないという。どうもユングのお膝元ですらユング心理学は「じゃない」扱いのようだ。しかし、だからこそ「じゃない」選択をする人に寄り添える心理学なのではないかと私は思っている。「じゃない」選択の意味は、「じゃない」心理学にこそよくわかるのだから。

「じゃない」選択はネガティブなイメージがつきまとう。多くの人が選ぶメジャーな選択「じゃない」からだ。「赤信号みんなで渡れば怖くない」という言葉が示すように、みんなが選択することは怖くないし、そちらのほうが正しいように思える。

だけど、時間をかけて待ち、「じゃない」ほうが私らしいと感じられるなら、そちらを信頼したほうが人生において意味を持つとユング心理学では考える。人生は一度きりで引き受けられるのは私だけ。**私の内から出てきた選択を信じる**ことが大切である。

風の時代、水瓶座の時代

◉ユング心理学の考え方はマクロ分析にも役立つ

ユング心理学はテーラーメイドを旨とする心理学なので、個人から普遍を目指す方向にベクトルが向いている。つまり、基本的には**「個人のこころについての理解を深めていくことで普遍へたどり着く」**というスタンスである。

しかし、ユングが冷戦について述べているように、ユング心理学の考え方は社会の分析にも役立ち、とるべき道や態度への示唆を与えてくれる。そこで、ここから視点をミクロ（個人）からマクロ（社会）に転じ、対立概念と第三のものというユング心理学の考え方から今の時代を読み解き、日本で生きる私たちへのヒントを導き出してみたい。

ユングがシンクロニシティの観点から**西洋占星術**に関心を寄せていたこともあり、ユング心理学と西洋占星術の相性はよい。ユング派分析家で西洋占星術を行う人も、逆に西洋占星術師でユング派分析家になる人もいる。ユングの娘の一人も西洋占星術師だ。

私がユング研究所に留学していた時も同僚に西洋占星術師がいて、学生ながら研究所で西洋占星術の講義をすることもあった。2020年の3月中旬、スイスでも新型コロナウィルスの流行によるロックダウンが施行され、ユング研究所も閉鎖されて、講義はすべてオンラインに移行した。その同僚もオンラインで西洋占星術の講義を行い、「2020年末に**グレート・コンジャンクション**（Great Conjunction）がある。コロナの世界的流行は、その前触れだ。**風の時代**の幕開けだ」と息巻いていた。

グレート・コンジャンクションとは、木星と土星の接近を指す西洋占星術の用語である。木星は約12年で太陽の周りを一周し、土星は約30年で一周するため、太陽から見るとこの二つの惑星は約20年ごとに同じ方向に並び、接近する。この現象を西洋占星術では**時代の節目**ととらえている。

西洋占星術では12星座を火・地・風・水という4元素《エレメント》に分けて考えているが、グレート・コンジャンクションは、これまで約200年間、「地の星座」と呼ばれるグループ（牡牛座・乙女座・山羊座）で起きていた。このため、この期間は「地の時代」と呼ばれてきたが、2020年からはグレート・コンジャンクションが「風の星座」と呼ばれるグループ（水瓶座・天秤座・双子座）で起こるため、「風の時代」と呼ばれている。

２０２０年12月22日のグレート・コンジャンクションは水瓶座で起きたが、次は２０４０年10月31日に天秤座、その次は２０６０年４月８日に双子座で起き、その後も約20年ごとにこのサイクルを繰り返し、２１５９年12月21日に蟹座で起きて「水の時代」に移行するまで続く。現在地球上にいる人は、将来コールドスリープ技術やタイムマシンでも発明されない限り、生涯にわたって「風の時代」を生きていくことになるわけだ。

ユングは、「風の時代」よりもさらに長いスパンの**水瓶座の時代**に注目していた。

水瓶座の時代は、西洋占星術で用いられる円形の天体配置図であるホロスコープ上で、春分点が水瓶座にある期間のことである。

春分点は、太陽の運行ルートである「黄道」と、地球の赤道を天球（天体の位置や運動などを表すための地球を中心とした仮想の球体）まで延長してできる大きな円である「天の赤道」が南から北の方向に向かって交差する時に生まれる。

地球上では、春分点が生まれる時、太陽が地球の赤道上に上って、昼と夜の長さが同じになる春分の日となる。春分点は、約２０００年ごとに星座間を移動し、キリスト誕生の頃とされる紀元元年から西暦２０００年頃まで魚座にあったが、西暦２０００年頃から４０００年頃までは水瓶座にあるとされる。ただし諸説あるので、今はすでに水瓶座の時代に入っているとする説と、まだ入っていないとする説がある。

西洋占星術において春分点は物事の始まりを意味しているとされるため、ユングは**春分点の星座間を移動していく2000年のスパンで文明や人々の意識が変化していく**と考えていた。1875年に生まれ、1961年に亡くなったユングは、「魚座の時代」を生き、水瓶座の時代、すなわち来たる新しい時代への変化の兆候を感じ取っていた。


風の時代にしろ水瓶座の時代にしろ、私たちは大きな変化の時を生きているということであり、それは今を生きる多くの人が肌で感じていることと合致するのではないだろうか。

風の時代、水瓶座の時代は、風のイメージ（水瓶座は風の星座である）にも表れているように、**知性やコミュニケーション、情報といった目に見えないものや、自由や平等に人々の意識の重心が移る**といわれている。

ただし、変化というものは一朝一夕に起きるものではない。「今日から新時代」というわけにはいかないのである。風の時代、水瓶座の時代といっても、2000年や2000年という単位で見ればまだ幕開けといったところで、今は過渡期といえる。

黄昏の時の歩き方

◉閉塞感に風穴を開けるのは個人の「じゃない」選択

一つの時代が終わりつつあり、新しい時代を迎えようとしている過渡期――、それは、ちょうど昼と夜の間《あわい》の時間、黄昏の時である。黄昏が昼と夜の二つの要素を含んでいるように、**黄昏の時は前の時代と次の時代の要素が入り混じっている。**

第三のものが現れる前の葛藤や停滞の状態が、日本では「失われた30年」という形で現れているのかもしれない。

私も「失われた30年」の当事者の一人なので、「賃金も上がらなければ、モノの値段も上がらない」と言われ続けてきたこの間の社会の抑圧的な雰囲気は、身をもって感じてきた。まるで窓のない狭い地下室に閉じ込められているような閉塞感があったが、そこに適応するために多くの人が自分の中のキラキラした生命力や創造力を殺し、思考停止して生きているように感じられた。それは社会や組織を硬直化させ、人々の活力を奪ってきたように思う。

こうした閉塞感の背景の一つは、**「日本が成長し繁栄していた時代」を手放すことができずにいる人が多い**ことではないだろうか。

日本は戦後目覚ましい復興を遂げ、内需拡大を背景に経済成長を実現し、経済大国となった。でも、それはもう過去の話だ。日本はとっくに経済大国ではない。少子高齢化で内需は縮小する一方で、経済は低迷している。名目GDP（国内総生産）は、国別ランキングで見ると、日本は2021年時点で世界第3位だけれども、それはある意味では見せかけの豊かさだ。豊かさの指標といわれるGDPを人口で割った「一人当たりGDP」は、日本は世界第30位、2020年の実質経済成長率は約1・6％で世界で157位となっており、世界的に見て経済成長しておらず、それほど豊かでもない。

世界の他の国や地域と比べても、日本は平和で安全で、平均寿命は世界最長である。それは日本が達成した成熟だ。成熟というのは、十分に成長し、盛りを過ぎたということである。かつてのような勢いや成長は望めない。**起こったことを元に戻すことはできないのに、変わったことを受け入れず、元に戻そうと必死になっている**ように見える。

それがおかしいとどこかで感づいているのに、変わったことから目をそらす――、まるで変化を認めたら、変化が本当に起きたことになってしまうから、怖がっているみたいだ。変化の肯定と否定、受容と恐れ――、日本はこの二つの気持ちの間で30年間揺れ動き、葛藤してきたのではないだろうか。

このような状況の中、**閉塞感に風穴を開け、社会における「第三のもの」を生み出すことにつながることの一つは、個人の「じゃない」選択**なのではないかと私は考えている。そして、「じゃない」選択をしやすいのは、今の社会で権力や既得権益を持たない人たち――、特に女性や若者、そして今ある社会の枠組みに疑問を持つ人たちではないかと思う。

こういう人たちは、おじさんやおじいさんが権力を握り、既得権益を独占する今の社会においては常に外側の存在だ。けれど、内側には決して入れない存在であるがゆえの選択肢の多さや自由さがある。

そもそも権力や既得権益のコントローラーを握っていないので、おじさんやおじいさんがコントローラーを手放したくなくて躊躇するような場面でも、もっと自分のこころの声に寄り添った選択をすることができる。

それがもし一般には理解されにくい「じゃない」選択であったとしても、十分な時間をかけたうえで自分の中から現れ、自分にとって意味があることと感じられるのなら――それが他の人を利用したり犠牲にしたりして自分の思いや自由を追求するものでない限りは――信じて一歩を踏み出してみてほしい。

権力のコントローラーを握っていなくとも、人口の半分以上はおじさんやおじいさん以外なのだ。**豊かで創造的な人生を送る人が増えれば、それだけ社会の多様性の総量は上がる**ため、おじさんやおじいさんも含めた多くの人が生きやすくなるだろう。

ユング心理学は、私たちが目に見えない大きな力の中で生かされているという感覚を持ち、こころを信頼し、無意識からの声に耳を傾け、葛藤に耐え、十分な時間をかけて**「私の答え」にたどり着こうとする心理学**である。そうすることによって、私たち一人ひとりが、誰かに与えられたのではない、「私の物語」を生きていくことができる。

この姿勢は、黄昏の時を生きる私たち一人ひとりが、創造的な自分らしいやり方で人生を歩んでいくための支えになるのではないかと思う。

第8章

ユング心理学を現実の生活に活かす

面接室は
個人と現実との交差点

◉当事者意識と自我を鍛えることの大切さ

「オレらの世代は老い先短いけど、君たちの世代は新型コロナウィルスが世界的に流行している渦中とその後を生きていくんだぜ。これは、どこかの遠い星で起きてることじゃないんだ。**当事者意識を持て！　自分事として分析しろ！　考えろ！**」

スクリーンの向こうで私の博士論文の指導教官であるユング派分析家は、そう檄《げき》を飛ばした。私がスイスのユング研究所に留学していた2020年の春、新型コロナウィルスが世界的に大流行し、ヨーロッパの国々も次々とロックダウンし始め、コミュニケーションはオンラインへ移行して抑圧的な空気が社会を覆うさなかでのことだった。

高齢者に分類される指導教官の相変わらずの壮健ぶりに安心するとともに、**「当事者意識を持って自分事として考えろ」**という言葉はこころに響くものがあった。

指導教官は、タイプ論でいうとおそらく外向・思考タイプで、しかも意識の機能がかなり思考に偏っている人なので、舌鋒鋭く、影響力はあるのだが発言や議論が物議をかもすこともしばしばである。ただ、「当事者意識を持って自分事として考えろ」というスタンスは、私が指導を受けていた当時から一貫していた。

彼は常日頃から**「面接室は世界とつながっているんだ」**と言い、だからこそ世界で起こっている物事に対して、ユング派分析家はもっと当事者意識を持って自分事として考えなければならないと説いていた。そして、ユング派の心理療法や個人分析がともすると夢やイメージを扱うことに夢中になり、現実の社会や世界から隔離された閉ざされた場になってしまうことを嘆いていた。

クライエントさんが語ることとは、たとえそれが個人のことであったとしても社会や世界とも地続きである。仮にクライエントさんが「最近の値上げで家計が大変だ」と話したとして、ストレートにそのままの意味の場合もあれば、「家計が大変な中、やりくりしてここに来ているんです」というメッセージが込められているのかもしれないし、あるいはその人のこころの内容が投影されているのかもしれない。

ただ、いずれにしても話の引き金となったのは値上げであり、その値上げには国際紛争や円安が影響している。

ウクライナ戦争は、経済制裁によってロシアの小麦や石油、天然ガスなどの供給が滞り、世界的な穀物とエネルギー資源の不安定化と高騰を招いた。原材料やエネルギー資源の値段が上がれば、生産コストも輸送費も電気代も上がる。円安は2022年の為替相場で急激に進行したが、実は2000年代の初めごろから円の価値は下がり続けている。政府が為替市場に介入して円安に誘導し、円安に頼って経済を支えてきた構造的な問題が露呈し始めたのだ。

この意味において面接室は閉ざされた空間ではなく、クライエントさんや私と社会や世界とが交わる交差点であり、個人と社会や世界が否応なく交錯する場といえる。

とはいえ、私は心理療法や個人分析の場で政治や経済の議論をすることが大事だと言おうとしているわけではない。**たとえ身近な出来事であっても、そこには社会や世界につながる扉があるし、逆もまたしかりである。**だからこそ、「当事者意識を持って自分事として考える」態度の重要性を指摘しておきたいのだ。

人はしょせん他人が経験したことを想像することはできても共有はできない。それでも、想像と知識によって自分の身の回りのことに引き寄せ、他人の経験と接続することはできる。それが私の思う「当事者意識を持って自分事として考える」ことだ。

「きれいごと」とか「どうせ世界は変わらないから考えたってムダ」という声も聞こ

えてきそうである。それでも、思いあぐねたり、変わってほしいと願ったり、そのはざまで悩んだり葛藤することに意味がある。それは、自分という個人が社会、世界、そこで起こるさまざまな現象と地続きであり、現実の多様性や多層性に気づくことでもある。こうした気づきが意識を増やし、人を変化させ、成長させるのだと私は思っている。

こころのこととして考えれば、「当事者意識を持って自分事として考える」のは、自分への理解を深め、自我を鍛えることでもある。私のスーパーバイザーのユング派分析家はいつもこう言っていた。

「自己の導きを信じて、夢などを通じた無意識からのメッセージに耳を傾けることは大切だ。でも、**最後に現実でどうするか決めるのは自我の仕事**なんだよ」

人生では選択を迫られる岐路があり、思いもよらぬことが降りかかってくる。そういうとき、起きたことを誰かや何かのせいにするのではなく、自分事として引き受けなければ何も始まらない。そして、どうするのか誰かに決めてもらうのではなくて、**自分がどうしたいのかを問い、決めていかなくてはならない**。そうやって現実に自分の足で立ち、自分の道を歩くためには、自我を鍛えることはとても大事になってくる。

現実の生活に生かそうとする態度の大切さ

◉現実は「こころ」を映し出す巨大なスクリーンのようなもの

ユングは、「こころは日々現実を生み出している」(Jung, CW6, para78) と述べ、そもそも現実はこころが生み出したもので、こころの延長線上に現実があると考えていた。

こころが現実を生み出した例として、例えば**国家**があげられる。

アメリカの政治学者ベネディクト・アンダーソン (Benedict Anderson) は、ナショナリズムについて分析した著書『想像の共同体』において、国家とは、そこに住む人々によって自分が共同体に属しているというイメージが共有されることで成立すると示した (アンダーソン、1997)。国家は最初からそこにあるものではなくて、人々が「自分がそこに所属している」と想像することで初めて「現実」となる。

同様のことは私たちが**社会**や**世界**などと呼ぶものについてもいえるだろう。社会も世界も所与のものではなく、元々は私たちのこころから出てきたイメージによって作り出された。

技術や**制度**など、現実にある人間が作り出したものも、元をたどればこころが作り出したといえよう。技術や制度は、まず「こんなことができたらいいな」「こうだったらいいのに」という願いや欲求から始まり、それらが想像され、形を与えられ、多くの人に共有されるに至ったものなのだから。このように、こころは現実に深く関与している。

現実は、こころを映し出す巨大なスクリーンのようなものだ。そして現実で起きているさまざまな現象は、このスクリーン上に映し出され、そこには**こころの内容が投影されている**。だから、現実で起きていることについて考えることは、こころについて考えることでもある。

◉さまざまな分析を単なる知的遊戯や趣味で終わらせない

こころについて考えることは、自我を鍛え、自己理解を深め、意識を増やすことにつながる。それは、現実の生活にベクトルを向け、自分の人生を生きることでもある。

ユングは、現実での生活をとても大事にしていた。――「いかにひどく**夢中になり、動かされていても、私は自分が経験しつつあることは結局はこの現実の私の生活に向けられていることを、常に知っていた**」（ユング、1972, p.270）。

ユング心理学は、こころから得られる知恵や洞察を意識化し、現実に生かすための心

理学である。現実に生かされることで、その人の生はより自分らしく、豊かなものとなる。

現実で起きているさまざまな現象について考えることは、そこに映し出されたこころの内容や自分について考えることである。それによって得られた知恵や洞察は、自我を鍛え、自己理解を深め、意識を増やすという形で、現実の生活に生かされなければならない。そうでなければ、現実で起きているさまざまな現象は、単なる出来事として流れていって自分の内面とつながらず、その人の現実での変化や成長に結びつかない。関心が払われ、受け取られなければ、たとえ変化や成長の可能性があっても、そこから芽が出て実を結ぶことはない。それは、**現実の生活で生かそうとする態度がなければ、ユング派の夢分析が単なる知的遊戯や趣味で終わってしまうのと同じこと**である。

以下ではこのような態度のもと、現実で起きているいくつかの現象について、ユング心理学の観点から考えてみたい。

「推し」カルチャーとコンステレート
～アイドル、ゲーム、マンガ、アニメ～

◉推しや推しの出ている作品が「夢」や「イメージ」の役割を果たすこともある

「推しは人生の光なので投資するお金は光熱費」、「推しは推せるときに惜しみなく推せ」――、新型コロナウィルスの世界的流行が継続する中、留学先のユング研究所から帰国したら、やたら**「推し」**、**「推し活」**という言葉を見聞きするようになって驚いた。

そうした行為や活動自体は以前から心理臨床の現場でよく耳にすることだったが、どことなくほの暗いマイナーな雰囲気があり、いわゆるオタク的な営みとして自虐的に語られることも多かった。ところが今や「推し」や「推し活」という名前を与えられ、陽の当たるメジャーなものとなり、ポジティブな文脈で語られるようになっていることにびっくりしたのだった。

メジャー化、ポジティブ化の背景には、新型コロナウィルスの影響もあるという。感染リスク防止のため外出自粛や在宅勤務が続き、家で過ごす「おうち時間」が増え、新しい生きがいや交流を求める人々の気持ちとマッチして注目されるようになった。これは新型コロナウィルスの感染拡大がもたらしたプラスの側面といえるのかもしれない。名前が与えられ、市民権を得ることでポジティブなものとして内面化されたり、周囲の理解を得やすくなったりして楽になる人は多い。

ユング心理学では、現代人は、科学や技術の発展により、総じて合理的思考が過多になり、身体とのつながりが希薄になって、感情や身体の感覚がおろそかになっていることについて警鐘を鳴らしている。

実際、心理療法や個人分析の場で、クライエントさんに感じたことや身体の反応を聞くと、困ってしまって言葉につまったり、状況の説明が返ってきたりするケースが多い。おそらく起きたことを理解するうえで、まず知的な力に頼っていて、感情や身体感覚とセットになっていないのだろう。

感情や身体感覚は、きちんと意識化され、表現されることが、人をよりトータルな存在に近づけ、豊かな人生を送ることにつながる。このためユング派の心理療法や個人分析では、感情や身体感覚を鍛えることも大事にしている。

だから、淡々として感情が動かない人が推しを語ると感情が高まったり、ほぼ引きこもりで自宅警備員をしている人が推し活のために外出して人と交流したり、生きる意味などないと虚無的だった人が自宅に推しスペースを作り、グッズを買うために仕事に精を出す様子を見ていると、感情や身体感覚が動き出しているのを感じて安心する。そして、その人の生きるエネルギーが活性化されていることを感じて嬉しくなるのだ。

夢やイメージについて聞くと「覚えてない」、「わからない」とそっけないが、推しや推しの出ている作品のことは、いきいきと語ることができるクライエントさんもいる。こういう場合は、推しや推しの出ている作品が夢やイメージに近い役割を果たす。

ユング派が夢やイメージを重視するのは、それがその人のこころから出てきた最もオリジナルの自己表現だからだが、**推しや推しの出ている作品にも、その人のこころの内容が表現されている**と考えられる。

オリジナリティーの点では夢やイメージに劣るのかもしれないが、クライエントさんの推しやその推しの出ている作品は、心理療法家の側も調べたり視聴したりすることで追体験しやすいメリットがある。また、クライエントさんにとってのフックが推しや推しの出ている作品のどこにあるかを知ることで、クライエントさんの内的世界への理解を深めることができるという意味で、推しや推し活はその人の自己表現であるといえる。

もちろん、推しに過度に依存したり、お金や時間をつぎ込み過ぎる危険性はある。また、**推しや推し活のほうがリアルになってしまい、思考を麻痺させ、現実の生活がおろそかになる場合もある。**しかしその一方で、推し活をしている人は、推しが幸せで健やかであることを願い、SNSなどを通じて横の連帯を築くことも多い。幸せや健やかであることを願える誰かがいて、同じ志を持った仲間がいることは、「生きることも悪くない」と人や世界への信頼をもたらしてくれる側面もあるのではないだろうか。

日本には「失われた30年」による閉塞感が漂っていた。新型コロナウィルスによって物理的に閉じ込められることによる二重の閉塞感の中で活気づいた推しや推し活は、「いつまでも変われない日本」への苛立ちと停滞の中で、考えることを放棄し、思いのまま楽しむ享楽的な側面と、コミュニティーを作り、ゆるくつながりながら新しい自分を発見していこうとする側面の両面を持つ、変化を求める動きにも感じられる。享楽的な面に飲み込まれるのか、新しい自分の発見につながるのかは、その人次第である。

◉推しは「同一化」の度合いが強い

元々「推し」という言葉は、女性アイドルグループのAKB48を通じて広く知られるようになったという。AKB48は選抜総選挙（人気投票）を行い、その順位によってシ

ングルの楽曲を歌うメンバーを決めていた。自分の推しているメンバー（推しメン）が選抜されるように投票するというシステムがAKB48の人気とともに一般にも認知されるようになった。

「推し」は、「ファン」とは違う概念だという。私の理解では、「推し」のほうが「ファン」よりも対象と自分との間の心理的距離が近い。したがって、心理学的には、一般に**「推し」は「ファン」よりも「同一化」の度合いが強い**と考えられる。

同一化は**投影同一化**や**投影同一視**ともいわれ、自分と相手との区別がなく、相手が自分の延長や一部のようになっている心理的状態のことである。

相手が芸能人やキャラクターの場合、自分と相手とのコミュニケーションはどうしても双方向ではなく、自分から相手への一方通行になる。そうなると相手からの反応が得られない分、相手は**自分の思いや感情を投げ入れられる器**として自分の延長や一部になりやすい。

この場合、相手が自分の思いや感情に即した器として機能してくれている間はよいのだが、相手が自分の思いや感情に反するような行動をとると、相手は自分の延長や一部であるだけに自分の存在が揺らされてしまう。推しの恋愛や結婚が、「裏切った」、「息ができない」、「許せない」といった強い反応を起こす場合があるのは、このためである。

推しは特定の対象に対する強い愛着を意味するが、対象となるのは主にアイドルやゲーム、マンガ、アニメといった日本のポピュラー文化のキャラクターのようである。

興味深いことに、これらの「推し」や「推し活」の対象は、日本の「失われた30年」の間に発展し、世界でも人気を得るようになったコンテンツでもある。それゆえユング派分析家としては、この「推し」や「推し活」という現象を牽引するアイドルやゲーム、マンガ、アニメに何が**コンステレート（布置）**されているのかということを考えてみたい。そこに「推し」や「推し活」と世界とが交わる点があるように思う。

◉こころの中でコンステレートされているものは何か

コンステレートというのはユング心理学の用語で、「活性化する」、「発動する」といった意味を持つ。

この言葉は「星座」を意味する「コンステレーション」に由来する。夜空にある無関係に並んだ星々を線でつなげて絵を描き、それらを例えば大熊や白鳥などに見立てたものが星座であるように、コンステレートは**一見無関係に配置されているものが意味を持って人の人生に立ち現れてくる**ことを意味する。

コンステレートは、例えば「彼は母親コンプレックスがコンステレートされている」や「彼女にはアニムスがコンステレートされた」といった使い方をする。こころを夜空、こころの内容を星としてイメージしたとき、母親に関する星々やアニムスに関する星々がつながり、星座となって星空に輝き始める感じだろうか。つまり、こころの内容が同じテーマに沿って集まり、こころの中でそのテーマが活性化されることを示す。

現実で母親を思い出させる人や理想の男性と出会ったことが引き金となって母親コンプレックスやアニムスが活性化することもあるし、こころの中で母親コンプレックスやアニムスが活性化されている状態だから、母親を思い出させる人や理想の男性に出会うこともある。要するに、こころと現実がシンクロして、あるテーマがその人の人生においてクローズアップされる状態がコンステレートである。

夜空の星々の中でどの星が光り輝いて星座として見えるようになるのかは個人によるので、コンステレートされたテーマは**その人にとって取り組むべき課題**である場合が多い。例えば、母親に関する課題を抱えている人は母親コンプレックスが、男性に関する課題を抱えている人はアニムスがコンステレートされやすくなる。

コンステレートは、個人だけではなく国や社会といったレベルでも起こる。個人と国や社会とは地続きなので、それほど不思議なことではないだろう。国や社会にはそれぞれの課題があり、それがそこに生きる人々のこころにコンステレートされる。

日本社会と子ども元型
～「かわいい」カルチャーと未完成の美～

◉ヨーロッパでキャラクターグッズを持っている大人はほぼ皆無

私のスイス人の個人分析家は日本に何度も来たことがあり、日本人の個人分析経験も豊富な人だが、ある時、彼に「僕は日本の文化が好きだけど、日本へ行くと丸っこくて幼い感じのキャラクターが街にあふれていてびっくりする。なんか手を振ったり、あいさつしたりしてくるし……。日本人はなんであああいうキャラクターが好きなの？」と困惑気味に聞かれたことがある。

まぁ日本は各都道府県にゆるキャラがいる国だしなぁと思いながら私が、**「たぶん日本には子どもの元型が強くコンステレートされているんだよ」**と答えたところ、「なるほど。それはよくわかる」と深く納得してくれた。

「子ども」というのはユング派が考える無意識の深層にある元型の一つで、それが人間の意識によって把握されるとき、文字通りの「子ども」から連想されるような「純粋さ」や「好奇心」といったイメージや、それらを元にした物語、心性を生み出す。

「子ども」は誰のこころにも住んでいるが、コンステレートされて活性化したり同一化したりするとき、その人や社会は「子ども」元型の生み出す心性を示すようになる。

幼さや未熟さは「子ども」元型の生み出す心性の一つである。


ヨーロッパでは一般に幼さや未熟さは子どもにだけ許されるものであって、大人には好ましくないものである。子どもは幼くて未熟なため、自分を重ね合わせられるかわいいものを好むのは当然だが、大人がかわいいものを好むのは、その人の幼さや未熟さの表れか、あるいは倒錯的な性癖を示唆するものとしてとらえられかねない。

だから、キャラクターグッズを持っている大人はほぼ皆無で、持っていたら眉をひそめられるというよりも、持つという発想や持ちたいという欲求自体がない（もしくは抑圧されている）のではないかと思われる。たまに見かけるキャラクターグッズを身につけた人は大抵日本のマンガやアニメのオタクの若者で、いわゆる「ギーク」(geek) や「ナード」(nerd)（ともに変わり者や異端者といった意味。日本語では「オタク」と訳されることが多い）として周縁化されている。

一方、日本では、例えばディズニーやゆるキャラなどのキャラクターグッズを大人が持っていても奇異の目で見られることはない。美少女キャラのグッズを持っているおじさんはさすがにイタいが、それでも「オタクなんだな」という理解で済まされるだろう。

このようにヨーロッパと日本とでは、幼さや未熟さに対する意識が対極的である。それゆえ、「丸っこくて幼い感じ」のかわいいキャラクターであふれかえっていて、それらを子どもから大人までが何のてらいもなく愛でている日本人が、私の個人分析家のようなヨーロッパの人の目には不思議で奇妙に映るのだろう。

日本のユング派分析家の第一人者であった河合隼雄先生は、人間のこころの中には母性と父性という対立的な原理が存在するが、**日本では母性原理が優勢**であることを指摘している。そして、母性原理を基礎に持った日本では**「永遠の少年」の元型がコンステレートされている**ことを示唆している（河合、2013, 位置No.335)。

「永遠の少年」もユング派の間でよく研究されてきた元型で、**大人になることを拒み、子どものままでいることを願う心性**を生み出す。「子ども」の元型と似ているところもあるが、「永遠の少年」は大人（それも西洋型の大人）との比較において成立し、「子ども」の場合は必ずしもそうではなく、一つの完成形の存在としての意味合いが強いように思う。

そもそも日本には西洋型の大人はいなかったので、その比較対照において大人になることを拒むというよりも、むしろ後述する事情によって大人という概念がなく、**子どもの状態がデフォルトとなっているのが日本人の心性**であるように私の目には映る。

永遠の少年にしろ子どもにしろ、子ども性を持った元型が日本人のこころにはコンステレートされていて、それが未熟さを愛でることにつながっているのではないだろうか。だから、日本のポピュラー文化であるアイドル、ゲーム、マンガ、アニメにおいて「**かわいい」に価値が置かれ、それが「推し」を推す原動力になっている**ように感じられる。

◉「かわいい」が大事

日本のアイドルを例にとってみよう。

私はジャニーズという文化に興味を持っており、ジャニーズのアイドルを推している人たちのSNSをよく見ているのだが、面白いのは彼女たちが推しに送る最大の賛辞が「かわいい」であることだ。

ジャニーズのアイドルなので男性なのだが、彼らを推している人たちにとっては「かっこいい」ことよりも「かわいい」ことのほうが断然大事なことのようである。推しがテレビや雑誌などのメディアに出た際は、**「かわいくてえらい」**、**「バブくて**（赤ちゃんみたいで）**かわいい」**といった賞賛がSNS上を飛び交う。アイドルに前髪があることにこだわる人も多く、これは前髪があるほうが幼く（若く）見えるためである。

アイドルの側も推してくれる人たちのニーズを心得ていて、ひげを生やすことはまずないし、コンサートやインスタライブなどでは、ファンサービスやスクショタイムの際にルダハート（両手でハートを作って自分の顔を挟むポーズ）やちゅきちゅきポーズ（両方の手で指を閉じたピースをし、それで両方の頬を挟む）といった、はやりのかわいいポーズをしてくれたりする。

ジャニーズのアイドルは、童顔の人が多いとはいえ実際はアラサー、アラフォーの人も多く、世間一般では「おじさん」に差し掛かろうかという年齢である。そうした彼らがかわいさを背負わされているのは、日本の社会や文化において幼さや未熟さが尊ばれていることの一つの表れではないかと思う。

また、最近では韓国のアイドルグループが日本でも活動するケースが増えているが、韓国と日本でリリースされたミュージック・ビデオを比較すると、**それぞれの国で求められている内容に違いがある**ことがよくわかる。

韓国は国内マーケットが小さく、最初から世界市場を視野に入れているので、アイドルたちのビジュアルも世界に照準を当てている。

したがって基本的に背が高く、小顔でスタイルのよい人たちが選抜されることになる。楽曲自体もダンスを主軸とした構造で、国や文化を超えた訴求力があるうえ、英語を始めとして多言語に堪能なメンバーも多い。韓国のミュージック・ビデオは、そうしたかっこよさやスタイリッシュさを前面に出している。

しかし、同じグループが同じ曲を歌う日本のミュージック・ビデオでは、かわいさに全振りする傾向が見られる。例えば、韓国のミュージック・ビデオでは黒のタイトスカートにクールなキメ顔で歌っていた女性アイドルグループが、日本のミュージック・ビデオではリボンやフリルを多用したふわふわの白いドレスを着用し、笑顔多めで歌う。

一時期、**「かわいいは正義」**という言葉がはやったことがあったが、日本では本当にそうなんだなと改めて思わされる。

日本の地政学と歴史的事情

◉「間」に美を見出す日本文化

前述のように、日本の社会には子ども元型がコンステレートされており、幼さや未熟さを好む独特の日本文化を育んできた。それは「完成された美」ではなく、**いびつだったり、欠けていたりして、ちょっと足りない「未完のもの」や「余白」、あるいはどちらともいえない「間」に美を見出す感性**につながっているのではないだろうか。

日本社会に子ども元型がコンステレートされている背景には、日本が他国に侵略され、支配されたことのない島国であることが一因としてあげられるように思う。

例えばロシアは、ヨーロッパとの境に山脈のような天然の要塞がなく、攻め込まれるかもしれないという恐怖心がウクライナ戦争の背後にあるという。ロシアは13世紀から15世紀の２４０年間、モンゴル帝国に支配され、19世紀にフランス皇帝ナポレオン、20世紀の第二次世界大戦中にナチス・ドイツに侵略された。侵略され支配された経験はトラウマとなり、こころに深く刻まれて子孫に継承されていく。

ヨーロッパでも、暮らしていると他国との心理的距離が近く、地続きであることを実感する。国境を越えて通勤したり日用品の買い出しに行ったりするのは日常茶飯事だし、住居や店の内部に国境線が走っていて「ここから先は別の国の領土」というようなことも珍しくない。ユング研究所があるスイスも、面積が日本の九州よりも少し大きいくらいの小国なので、私も列車やフェリーに乗って油断していたら、いつの間にか他国にいました、というようなことが何回かあった。

今でこそ〝ヨーロッパあるある〟の笑い話のネタだが、そうなるまでには侵略と支配を繰り返してきた血で血を洗う歴史がある。ヨーロッパにおける**国同士の境界線の敷居の低さ**は、その気になれば他国に侵攻することなど造作もない各国の地政学的リスクの上に、現在のEU（欧州連合）といった経済同盟が成り立っていることをまざまざと感じさせる。

一方、日本は、ロシアやヨーロッパの国々と異なり、海という天然の境界線を持っている。日本に侵攻するには、まず海を越えねばならない。日本は、ロシアも侵略され約

2世紀半に渡る支配を受けたモンゴル帝国による大規模な侵攻を13世紀に二度受けているが、いずれも四方を海に囲まれていることが有利に働き、退けた。鎌倉武士の奮闘もあったが、モンゴル帝国軍が強風や台風に被災して多くの軍船を失ったため、挫折したのだ。

このため1868年に開国するまで、日本はほとんど他国からの干渉を受けずに独立を保っていたし、開国後も、第二次世界大戦の敗戦後からサンフランシスコ平和条約締結まで連合国軍最高司令官総司令部（GHQ）の占領下に置かれた約7年間を除き、文化や言語の違う他国に支配されることはなかった。

侵略と支配の歴史は、他方で**対話と交流の歴史**でもある。どんなにいけ好かない相手であろうと、自分を守るためには対話し、交渉しなければならない。議論によって少しでも有利な条件を引き出さなければ、身を守ることはできないのである。また、たとえ侵略や支配という形であっても、それは他国の人やモノ、文化が流入するということである。必然的に、政治、経済、文化といったさまざまなレイヤーで異なるもの同士が出会い、交流を持つことになる。

西洋文明の根源ともいわれる古代ギリシアは、すでに多様な人、モノ、文化が行きかう場だった。約2500年前のかの地の哲学者アリストテレスが三段論法を発明したのは、さまざまな文化的背景を持つ人々がそれぞれのやり方で議論をするのに辟易して、どんな人にとっても共通の議論のルールを作るためだったという（Nisbett, 2003）。

このように古代ギリシアから数えれば約2500年の対話と交流の歴史を持っているのが西洋である。これに対し日本は、開国してからわずか150年しか経っておらず、対話と交流という点において、歴史の積み重ねが違いすぎて同じ土俵には立てていない。日本人が議論が不得手で、異なるものに対して不寛容になりがちなのも、むべなるかなと感じる。

侵略と支配を経験しなかった分、外部との対話と交流も少なかった日本では、異なるものと対峙し、揉まれる機会が少ない。多様な人々の中で経験や苦労を重ねて鍛えられることを成熟の一つのありようとみなすのであれば、日本はそのような形で成熟する機会が少なく、またその必要もなかった。

侵略と支配が繰り返され、いやでも対話と交流をしなくてはならない場所では、幼くて未熟なままでは淘汰されてしまい、生きていけない。けれども、そういう場所ではなかった日本では、**幼くて未熟なままでも生きていくことができ、むしろそれを追求し、**

洗練させていくことで独特な魅力を創造してきた。日本においては、このようなことで子ども元型が強くコンステレートされているのではないかと思う。

日本人のこころの夜空には、子ども元型を核とした、子どもに関する内容の星々がひときわ明るく輝いているのではないだろうか。

◉ガラパゴスにおける成熟

日本には、地政学的な事情で子ども元型がコンステレートされやすかったということに加え、その下で発展した幼さや未熟さを好む文化を十分に生かすことのできる環境があった。人口が多く、国内市場の規模がそれなりに大きいので、海外市場をあまり意識する必要がない。

本来、海外市場に向けたプロデュースや制作は、世界共通で受け入れられるよう、単純化されたり平均化されたりする。一方の日本では、**それぞれの国や地域の宗教や政治、生活習慣上のタブーなどを考慮する必要がない**ため、自由に想像力を発揮することができる。このことが、どこか幼さや未熟さを感じさせる「かわいい」を追求させ、そうした要素を持つアイドルやキャラクターたちが活躍する土壌となっているのだろう。

地政学や国内市場の規模の大きさといった要因から、日本はあまり海外を視野に入れる必要がなかった。外部との接触が少ないために、日本の技術や文化が独自の発展をしてきたことを指して**ガラパゴス**と卑下することもあるが、海外を目指す意識があまりないからこその独自の魅力があるのも事実である。

そうした日本の独自性が、特に2010年代ごろから世界の幅広い層にウケるようになった。このことは、世界の多様性への理解と寛容度が進んだ一方で、**多くの国や地域で子ども元型がコンステレートされるようになってきた**と思われることと、おそらく無関係ではない。

2010年代から、情報技術の発展により、インターネットやSNSを通じて国境を越えたコミュニケーションが可能になった。また、各国の**ネオリベラリズム**的な政策の下、国境を越えた経済活動が自由化され、投資や貿易、企業の海外進出も一層活発になり、グローバリゼーションが進展した。一般にネオリベラリズムは「弱肉強食の論理」だとされており、競争に勝ち抜いた強者が勝ち抜けなかった弱者を支配することを是とする。こうした論理の下では、「強者／弱者」、「勝ち／負け」という二項対立的なものの見方に陥りやすい。

また、**グローバリゼーション**の下では世界が市場となるため、世界に向けた市場戦略をとる場合は、世界共通で受け入れられるよう技術や表現が単純化される。

このようにネオリベラリズムとグローバリゼーションは、物事の間に線を引いてあちらとこちらに分け、「強いか弱いか」、「勝ちか負けか」で判断するような**単視眼的な価値観**を推し進めてきた。

２０１０年代後半から、アメリカで保護主義的な政策を掲げたトランプ大統領の就任やイギリスのＥＵ離脱など、ネオリベラリズムとグローバリゼーションを批判する動きが出てきたが、これらはネオリベラリズムとグローバリゼーションに対して建設的な修正や制御を行うものではなかった。「アメリカかアメリカでないか」、「イギリスかイギリスでないか」という別の軸での二項対立と物事の単純化を持ち込んだだけである。

こうした人や社会の複雑さや多様さを考慮しない幼稚さや未熟さに、私は世界規模での子ども元型のコンステレートを見る思いでいる。このようなありようが、多様な人々の中で経験や苦労を重ねて鍛えられる形での成熟をしてこなかったために、子ども元型が強くコンステレートされている日本に、奇妙に呼応する事態になっているのではあるまいか。それが、いつまでも外国人や移民に不寛容であることを賞賛するオルタナ右翼から、日本のマンガやアニメを愛するオタクまで、近年の海外の日本への幅広い関心に底流しているように思えてならない。

ただ、子どもは幼く未熟なだけではなく、時に大人が驚くほどの知恵を見せ、正直でたくましく、世界とのみずみずしいつながりを持つ可能性に満ちた存在でもある。

ユングも、神話において子どもは、敵の前になすすべもない無力な存在としても、また、ふつうの人間をはるかに凌ぐような力を持つ存在としても描かれていることを指摘し、**「子ども」は幼さと老成、未熟と成熟の両面を合わせ持った元型である**と述べている（Jung, CW9i, pp.151–181）。

このような子ども元型の老成や成熟といった側面が、例えば日本のマンガやアニメなどの善悪では割り切れない複雑で多様なキャラクター表現や、深い物語性に結びついているように感じられる。

キャラクターの見た目はかわいいが、キャラクターのパーソナリティーや彼らを通して語られる物語は、決して幼稚で未熟ではない。むしろ、貧困やいじめ、虐待など、リアルで厳しい人生を送るキャラクターも多く、強さや弱さをあわせ持った人物として描かれる。そうした彼らが物語の中で葛藤し、悩み、生きる意味を問い続けたりする。現実が物語に落とし込まれたとき、物語はローカルを超えて普遍性を持ち得る。

こうしたことは、日本のアイドルを推している人たちが、アイドルの歌う楽曲やダンスのパフォーマンスのクオリティよりも、バラエティや冠番組、ラジオやYouTubeなどで見せるパーソナリティーや、インタビュー等で語られる苦労や努力、人生観といった物語性に魅力を感じている様子が見受けられることとも通じる。「かわいい」ことは大事だが、「かわいい」だけではなく、華やかなステージの裏で悩み、試行錯誤し、努力している一人の人間としての存在がリアルに感じられ、自分を重ねられることが推すことにつながっている。

日本は、子ども元型が強力にコンステレートされてきたことによって、独特の「かわいい」カルチャーを育んできた。それは同時に、外部との対話と交流の中で成長していく西洋型の成熟とは異なる、**内部に閉じ、幼さや未熟さを追求していく中で、人や社会の複雑さや多様さに目を向ける形の成熟**につながってきたと考えられる。

グローバル化され、今後も国際社会の中で生きていかねばならない日本人にとって、西洋型の対話や交流による成熟を目指すことは必要なこととしても、それと合わせて、独自性を追求していく形の日本型の成熟のしかたが意識されていくことで、成熟というものの新しい可能性が見出されるのかもしれない。

昨今では、戦争や経済の低成長を背景に、世界の先行きがますます見えにくくなってきている。特に日本ではその傾向が顕著なためか、わかりやすさや合理性を求める傾向が強まっているように思われる。近年、合理的根拠をまとったわかりやすい発言が注目され、支持を集めている。けれども、そのわかりやすさや合理性は、はざまにある人や社会の複雑さや多様さを顧みていないように見える。

人や社会は本来、わかりやすくも合理的でもなく、複雑で多様である。推しや推し活の対象であるアイドルやゲーム、マンガやアニメといった日本の特殊性を反映したコンテンツは、複雑性や多様性に独特のやり方で目を向けてきた日本のあり方に触れる窓口となり得るのではないだろうか。

推しや推し活をしているクライエントさんも多いが、彼らにとってそれが少しでも自分や他人、社会や世界の複雑さや多様さを自分事としてとらえ、意識が深まるきっかけになることを願いながら、私は日々の心理臨床活動に臨んでいる。複雑性や多様性が意識されることは、クライエントさんを含めた多くの人の生きやすさにつながるのだから。

BTSと個性化

◉アイドルにみる日本型の個性化

歌やダンスといったパフォーマンスのレベルよりも、「かわいい」が求められるアイドルは、日本に強くコンステレートされている「子ども」の元型の表れであることを指摘した。こうした**「かわいい」アイドルは日本で大きく花開いた独特の文化**であると思われる。もちろん、日本以外の国でもアイドル的な芸能人やアーティストはいるが、日本ほど「かわいい」は重要視されていないように見える。

日本のアイドルは、熱心なファンや推し活する人たちを生み出す一方、アーティストと呼ばれる音楽や演劇の表現者たちやそのファンからは、しばしば軽んじられてきた。例えば、ジャニーズのアイドルが歌番組やドラマに比較的よい番手で出演できるのは、ジャニーズ事務所という芸能プロダクションの力やそれへの忖度が大きく、アイドル本人の歌やダンス、演技の実力と必ずしも見合っているわけではない。ジャニーズに限ら

ず、日本のアイドルの場合、活動は基本的に芸能プロダクション主導であり、アイドル本人が本当はどんなことに興味があり、何をやりたいのかが見えにくい。

そもそも彼らは非常に若い頃、素人の段階でオーディション等によって芸能プロダクションに発掘され、芸能プロダクションのプロデュースの下、歌やダンス、演技などの一定のレッスンを受けて売り出される。つまり、芸能プロダクションによって「アイドル」として作られるのが原則であって、彼ら自身の歌、ダンス、演技などの実力や表現力によって見つかったわけではない。

自分に表現したいことや伝えたいことがあって世に出てくるのがアーティストであると定義するならば、アイドルはアーティストではない。こうした事情は、アイドル本人の個性や、彼らの楽曲や演技の発するメッセージ性の希薄さにつながる。それは、ともすればアイドルを**「かわいい」容姿だけが売りの操り人形**に見せてしまい、それがアーティストに比べて彼らが軽んじられる要因であると思われる。

ほとんどのアイドルは、年齢を重ね、旬が過ぎて「かわいい」だけでは通用しなくなってくると、卒業といった形でアイドルから降りる。しかしそれは、幼いころにアイドルを作り出すシステムに組み込まれた彼らが主体性を持つようになり、よりアーティスト寄りになっていくことで、芸能プロダクションにプロデュースされたアイドルという型にはまれなくなる、ということでもあるのかもしれない。

中には、ジャニーズのように芸能プロダクション自体が力を持っているため、30代、40代になってもアイドルを続けられる人たちもいるが、彼らも次第に俳優、司会、バラエティ・タレント、コメンテーター、キャスター、小説家、プロデューサーなどに自らの適性と活路を見出していく。それは、幼くて未熟な「かわいい」アイドルからスタートした彼らが、自分の個性を見出していく過程とも言い換えられる。そうした個性化の過程をメディアを通じて見守り、そこに自分を重ね合わせられることが、彼らを推す人たちの原動力になっているともいえるだろう。

考えてみれば、日本型の個性化とは**幼くて未熟な人を型にはめて鍛え、その中で個性を見出していく**というものなのかもしれない。それは、日本の武道や華道、茶道などの文化や芸術、学校教育にも通じる。

日本の武道や華道、茶道では、まず「型」を習得し、それを美しく遂行する中に個性が発揮されていくことを目指すものであるし、大学などもまずは知識という「型」を習得し、それによる選抜を経て入学し、大学生活を送る中で「自分は誰で、何がしたいのか」ということを考える。

ただし、この「型」の正当性は合理的に説明できない感覚的な要素も大きく、あえて説明するなら「そのほうが美しいから」とか「決まりだから」ということになってしまう。それゆえ、学校教育現場などでは、納得できる合理的な理由もないのに髪型や下着の色まで「型」にはめようとする「ブラック校則」がまかり通るような弊害が見られることになる。こうしたことは、本来人を鍛えるためにあるはずの「型」が、人を無視して一人歩きしてしまう**「型」の暴走**といえるのかもしれない。

おそらく、処女性や恋愛禁止のルールなど、日本のアイドルが芸能プロダクションとファンの双方から性を遠ざけることを求められるのも、背後に子ども元型がコンステレートされた「かわいい」という「型」の暴走なのだろう。

最初、本当に幼くて未熟なうちはその「型」にはまることにそれほど疑問を持たないのかもしれないが、「型」の中で鍛えられていくうちに、「自分は誰で、何がしたいのか」

ということに次第に気がつき始める。

そうなると、だんだん**求められる「型」と自分との間の乖離**に葛藤するようになり、自分の個性を発揮していく方向にうまくシフトしていくことができれば、「卒業」して別の道に行ったり、ジャニーズのタレントのように二足の草鞋を履いたりすることになる。そうでなければ、表舞台から去ったり、あるいはストレスから心身の不調に陥ったりすることもあるのではないだろうか。

◉K-POPアイドルに求められるのは「かわいい」ではなく「完璧」

歌やダンスの練度や求められる容姿の基準は異なるが、日本のアイドルシステムが参照枠の一つであったといわれる韓国のK-POPアイドルもまた、日本のアイドルと似たような状況の下に置かれているようである。

彼らも幼くて未熟な素人のうちに芸能プロダクションによって発掘され、厳しい競争の中で何年も練習生としてレッスンを重ね、恋愛禁止のルールを課せられる。芸能プロダクションは、そうした練習生たちの中から自分たちが決めたコンセプトに従ってメンバーを選抜してグループを組み、そのコンセプトに則った歌やダンスを用意し、それらに合わせたメイクや衣装を施して売り出す。

K‐POPアイドルになるための競争は厳しく、各芸能プロダクションの練習生に選ばれる確率は10人に1人、その練習生のうちデビューできるのが0・1％、さらにデビューしたグループの中で売れるのは0・1％といわれる狭き門である（Banger Films, 2021-3-31）。

デビューできたらできたで、芸能プロダクションは最長7年の契約期間の間、グループに投資した育成費などの資金を最大限回収するため、ほとんど寝る暇もないほどの過密スケジュールをメンバーに課す。

日本でも人気を博したKARAのメンバーであるハン・スンヨンさんは、この過密スケジュールについて、「**よくメンバーと気絶したいと話していた。そうしたら、とりあえず眠れるから**」と語っている（Banger Films, 2021-3-31）。

こうした数々の試練をくぐり抜け、世界的な人気を得たK‐POPアイドルグループ・**BTS**（Bangtang Sonyeondan: 防弾少年団）が2022年6月、活動休止を発表した。グループとしての音楽活動に一区切りをつけ、今後はソロ活動中心になるという。「もうグループのメンバー7人一緒の姿を見られないのか」と日本のARMY（BTSのフアン）にも衝撃が走った。

活動休止自体は、ＢＴＳの最年長メンバー・ＪＩＮさんの兵役招集が年内に予定されていたため、予想の範疇のことではあった。私の目をひいたのは、リーダーのＲＭさんが活動休止にあたって語っていた、「**アイドルというシステムは人を成熟させない。自分でたくさん考えて、一人の時間を過ごして、そういったものを成熟させて自分のものとして出していきたいのに、それをする時間がない**」（BANGTANGTV, 2022-06-14）という内容の言葉だった。

そうか、ＢＴＳは**アイドルであることを問うことができるアイドル**なんだな――そんな感想を抱き、彼らが世界的に人気を得るに至った理由の一端を見た気がした。

いつも笑顔で明るくポジティブにふるまうのが一般的なアイドル像なのだとすれば、ＢＴＳのアイドルに対するネガティブな言及は、そこから一線を画すものだった。しかし、だからこそその言及が彼らの率直な思いであるように感じられ、彼らが自らについて問い、悩み、考えたことを言語化して伝えることができるところに〝ＢＴＳの本質〟があるように思われたのである。

Ｋ-ＰＯＰアイドルの場合は日本のアイドルと違い、「かわいい」ではなく、「完璧」

が求められる。歌もダンスも容姿も完璧で、非日常的な存在でなければならない（Banger Films, 2021-3-31）。日本ではアイドルという文化の背後に「子ども」の元型がコンステレートされていると思われるが、**韓国では「神」や「超人」といった元型が背後にある**のかもしれない。

「子ども」元型が背後にある日本のアイドルは、「かわいい」少年や少女のままでいることが要請され、「神」や「超人」の元型が背後にあるK-POPのアイドルは、どんなに過密スケジュールで自分の時間がなくても、常に笑顔で完璧でいなくてはならない。

どちらにしても、そうしたアイドルであるということは**成熟と相反する側面**がある。アイドルは、日本では「かわいい」ままでいることが大事だし、韓国では忙しすぎるため内省して成熟する時間がない。そのことに気がつき、アイドルに要請されることと、人として成熟したい気持ちの間で悩み、葛藤していることを意識化し、それを自分の言葉で伝えることができるアイドルであるからこそ、BTSは支持されるのだろう。

RMさんは2018年9月の国連のスピーチでこう述べていた。

「**あなたが誰で、どこから来て、肌の色が何で、どんなジェンダー・アイデンティテ**

ィであっても構わない。ただ、自分のことを話してください。そして、話すことで自分の名前と声を見つけてほしい。僕はキム・ナンジュン、BTSのRMです。僕は韓国の小さな町出身のアイドルで、アーティストです」（筆者翻訳）（UNICEF, 2018-9-25）

韓国では近年、首都ソウルへの極端な一極集中が進み、ソウルに住んでいる人とそうでない人との間に格差が生じているという。また日本以上の学歴社会で、「勉強して、いい大学に入って、いい会社に入れ」という若者へのプレッシャーが強い。

BTSのメンバーは地方出身者ばかりで、こうした格差やプレッシャーを肌で感じながら育ち、彼らの中に表現したいものが生まれていったのだろう。

さらに、BTSが所属している芸能プロダクションは、BTSの発足当時は弱小で、メンバーが曲に自分たちの考えや思いを込めることができる環境があった。つまり、当初からBTSはアイドルという枠組みの中にいながらアーティスト寄りであることができた。RMさんの国連のスピーチにある **「自分の言葉で自分のことを話し、自分の名前と声を見つける」** ということに関心を持ち、行ってきたのがBTSといえるのではないだろうか。

おそらく、BTSは最初から自分たちの内のアイドルとアーティストという対立的な要素と葛藤し、それを抱えながら歩を進めてきており、それが彼らを他にない魅力的なグループにしてきたように思う。

そして、世界的な成功を収めた今、人としてさらに成熟したい思いが強くなったのだろう。あるいは、アーティストとして表現したいという思いが強くなったと言い換えられるのかもしれない。まさに、対立による葛藤から生まれるエネルギーは**新しいもの（第三のもの）**を創造するというユングの考えを地でいっていると感じる。

だから、BTSが兵役義務を期に活動を休止するというのは、とても**「らしい」選択**である気がした。

もちろん、さまざまな思惑があってのことであろうから、軽々に論じることはできないが、本書でも述べてきたように、葛藤を安易に解決しようとせず、抱えながら生きていくためには、立ち止まって待つことも必要である。

軍隊に入隊する2年という月日は、彼らにとって**成熟を阻むアイドルという枠組みから一度離れ、自分の内から出てくる言葉を見つける時間**となるのではないだろうか。それが、彼らにとっての大事な個性化の過程となることは間違いないものと思われる。

BTSとユング心理学

◉BTSの個性化のプロセスを描き出している「MAP OF THE SOUL」

ＢＴＳの２０１９年に発売された６枚目のミニアルバム「MAP OF THE SOUL: PERSONA」と２０２０年に発売された４枚目のアルバム「MAP OF THE SOUL: 7」は**ユング心理学にインスパイア**されている。

ＢＴＳは自分たちの言葉で語ることを大切にしているグループであり、そのために自分たちが何者であるかを問い続けてきた。そういう彼らがユング心理学へと導かれたのは興味深い符合に思われる。ソウルのエリートではない地方出身者で、入った芸能プロダクションも大手ではない弱小という、マージナルな要素を持っていたことが、マージナルな人たちを惹きつけて、「私の心理学だ」と感じさせるところのあるユング心理学と共鳴したのかもしれない。

そもそも「MAP OF THE SOUL」というタイトル自体が、スイス在住のアメリカ人ユング派分析家であるマレー・シュタイン（Murray Stein）の著書からとられている。

マレー自身は世界的に知られた著名なユング派分析家であり、彼の著書の『Map of the Soul』はユング心理学をわかりやすく解説した名著であるが、ユング派界隈では知られていても一般的な知名度があったわけではない。それがBTSがアルバムのタイトルに採用したことで、ユング心理学への興味の裾野を広げたわけであるから、ユング派分析家はBTSに足を向けて寝られない（ちなみにマレーはこのことを非常に喜んでおり、BTSを取り上げた著作を書き下ろしている）。

MAP OF THE SOULは、日本語に訳すと「魂の地図」という意味である。ユング心理学において「魂」と「こころ」は異なるものであり、ユングは**「魂」とは「こころ」にあるコンプレックスの一種で、「個性」とほぼ同義**であるとみなしていた（Jung, CW6, para797）。それゆえ「魂の地図」というのは**「自分の個性を探そうとする人に向けた案内」**といった意味が込められていると思われる。

BTSの「MAP OF THE SOUL: PERSONA」に入っているRMさんのソロ曲“Intro: Persona”のミュージックビデオでは、RMさんがさまざまなバージョンの自身に扮する様子が映し出される。彼の背後に時折映る黒板には、persona（ペルソナ）、shadow

められている。

（影）、ego（自我）といったユング心理学のキーワードが書き出され、歌詞にもちりば

こころを家に見立てるとき、ペルソナは家の外側の部分を指し、影はこの家の地下に住む住人で、自我はふだん暮らす一階の部屋に住んでいる「私」である。

ペルソナは、家がどう見えるか、つまり私たちが社会生活を送るうえで付ける仮面を指し、「他人にどう見られたいか」という自分のこころの一部である。だから「MAP OF THE SOUL: PERSONA」は、BTSがアイドルとして自分たちが付けている仮面・ペルソナを通じて、**「自分は誰なのか」**と問う内容になっている。

さらに「MAP OF THE SOUL: 7」では、ペルソナについての思索を経て、メンバー7人が「抑圧して見ないようにしてきた自分のこころの一部」、つまり影について検討している。「MAP OF THE SOUL: PERSONA」と「MAP OF THE SOUL: 7」という二つのアルバムを通じて、BTSは社会的な自分と本当の自分との間の葛藤と、それをどう引き受けていくかというテーマに取り組んでいる。

この意味において、MAP OF THE SOULシリーズはBTSのメンバーによる歌を通じて表現される自分自身への心理療法ともいえ、彼らの**個性化のプロセス**を描き出して

いるとみなすことができるように思われる。

◉イニシエーションと個性化

ＢＴＳはなぜ世界的な支持を得るに至ったのか――それはさまざまな形で分析がなされているが、おそらくそのどれもに正しい部分があり、そのどれもが完全な説明ではない。これまで再三述べてきたように、物事には不確定の要素が必ずあるからだ。**誰も物事を完全にコントロールすることはできない。**

私の目にＢＴＳは、何かを表現したい気持ちを持ったマージナルな7人の若者たちがたまたま出会い、ユング心理学などを通して自分の個性を探し、その中で自分の内から出てきた言葉を伝える努力を続けるうちに、たまたま時流に乗ることができた――ように映る。偶然と努力と運とが絡み合って起きたことで、意図的に作り出そうと思ってできることではない。だから、第二のＢＴＳを目指して二匹目のドジョウを狙っても、たぶん無駄である。

それでも、ＢＴＳに憧れてアイドルになりたいと願う若者は後を絶たないし、最近では、日本から韓国に渡り、韓国の芸能プロダクションに所属する人や、Ｋ-ＰＯＰアイドルグループの日本人メンバーとしてデビューする人も増えている。K-POPアイドルでなくても「アイドル」というものに憧れる子どもや若い人は多く、心理臨床の現場でも「アイドルになりたい」と話す若いクライエントは少なくない。

一人の大人としては、「そうはいってもアイドルになれるのは一握りだし、なれたとしてもストレスが多くて大変な仕事だよ？」とつい余計なことを思ってしまうが、ユング派分析家としては、その背後で働くこころの動きをとらえなくてはなるまい。

もちろん、承認欲求やお金、華やかな世界への憧れなど、表面的な理由は多々あるだろう。だが、根底には「アイドル」というシステムがある種の**イニシエーション**として機能していることがあり、そこに自分も参加したいというこころの動きがあるのではないかと思う。

イニシエーションは、民俗学や文化人類学の分野でよく知られているが、ユング心理学でも使われる概念であり、**通過儀礼**と訳される。人生の節目で行われる体験を伴う儀式のことで、現代では体験の部分が形骸化しているが、例えば卒業式や成人式、結婚式などがイニシエーションとしてあげられる。

心理学的には、**今までの自分が死んで新しい自分に再生する**という変化を、儀式を通じて体験することにその意味がある。

部族的な社会では、今でも刺青を入れたり、バンジージャンプをしたり、ハチに刺されるといった、**痛みや危険にさらされるような身体的な体験**を伴う通過儀礼が行われているが、現代の日本のような近代化された社会では、儀式からこうした身体性が排除されてしまった。それゆえ、「卒業」、「成人」、あるいは「結婚」も日常の延長と化し、心理的な区切りになりにくい。学校を卒業しても、成人を迎えても、結婚しても、ほとんど変わらず、「大人になれない」人は少なくない。


こうしたイニシエーション不全の状況の中、「アイドル」というシステムは、そこに参加することができれば、歌やダンス、演技といった身体性を伴う体験をし、同世代のライバルたちと競い、切磋琢磨できる可能性がある。

また、デビューできるかどうかわからない不安とストレスの中で、自分の個性とは何かということを考えざるをえない。デビューが芸能プロダクションのコンセプトに合うかどうかで決められるものだとしても、その候補に残るためには、歌やダンス、演技のスキルだけではなく、自分の個性をアピールすることで目に留まる必要があるのだから。

もしデビューできたならば、息長く活躍する日本のアイドルたちやBTSのように、アイドルというペルソナと本当の自分との相克に葛藤する中で自分の個性を探し、自分の声を見つけ、個性化の道を歩んでいく可能性も開かれるのだろう。

そう考えると、若者がアイドルになることを夢見たり憧れたりすることや、アイドルの推し活でさえも、その背後には**イニシエーションや個性化を希求するこころの動き**があるのかもしれないと思えてくる。

表面的なシステムがどれだけ現代的になっても、人のこころが求めることはずっと昔から変わらないんだなと思うと、私などはつい、画面の向こうのアイドルの笑顔にも感じ入ってしまうのである。

ジェンダー、セクシュアリティとユング心理学

◉性に関することは重要なアイデンティティの一部

私がイギリスやスイスで心理臨床をすることができて幸運だったなと思うことの一つは、**多様なジェンダーアイデンティティやセクシュアリティを持つクライエントさんたちと仕事をする機会に恵まれたこと**だ。

イギリスから帰国し、スイスのユング研究所に留学するまでの10年間ほど日本で心理臨床をしていたが、クライエントさんのジェンダーアイデンティティやセクシュアリティが語られることはほとんどなかった。というよりも、性に関する問題が話題になること自体が少なかったように思う。もちろん、悩んでいることが性に関わることではない場合や、私が女性であるために、特に男性は話題にしにくい場合などもあっただろう。

ただ、イギリスやスイスで出会ったクライエントさんたちのほうが、たとえ心理療法や個人分析に来た理由が性に関することではなかったとしても、比較的面接の初期の段階で、性別を問わず、自分のジェンダーアイデンティティやセクシュアリティ、もしく

はパートナーとの性的関係について、自ら積極的に語る場合が多かった。

おそらく、**性に関することは自分を構成する重要な要素**、つまりアイデンティティの一部であるという意識が強くあり、だからこそ心理療法家には知っておいてもらいたいと思うのであろう。

性に関することが重要なアイデンティティの一部であることは、どこの国の人にとっても同じだと思う。しかし、日本人の場合は、性別はアイデンティティとして意識されているが、ジェンダーやセクシュアリティに関しては、西洋人の場合と比べると、意識の度合いが、まだあまり高くないように感じる。このことには、西洋と日本の文化的背景の違いが理由としてあげられるように思う。

西洋の社会や文化の基盤にあるのはキリスト教である。キリスト教はしばしば「父」と呼ばれ、父親のように人々を愛し、導く神を信仰する宗教である。キリスト教はこのような**父性原理**に基づいており、男性優位の思想によって男性と女性を明確に分けている。聖書において、男性のアダムが先につくられ、女性のイヴはアダムからつくられたし、アダムを堕落させたのはイヴであるとされている。

それゆえ、西洋では長らく男性と女性との間には**はっきりとした境界線**が引かれており、女性は「男性ではない性」で、男性にとって性的欲求を解消し、子どもを生んで家事をしてくれる便利な所有物に過ぎなかった。

このように西洋では男性以外の性は厳しく抑圧されてきたので、男性に対抗するためには、意識化を進め、それに名前を付けて武器とし、戦って地位を獲得していかなければならなかったのである。

一方、**日本の場合は母性原理が強い**ため、母性や母親は尊重される社会であり、性別による抑圧は西洋の場合ほど厳しくはなかった。したがって、男性以外の性の人たちが男性に対抗し、戦う手段という形で性に対する意識を発展させていくことが難しかったのではないかと思う。さらには、**子ども元型**がコンステレートされているため、子どもと大人の境界線があいまいになりがちで、**性に対する意識が分化しにくい**状況があったのではないだろうか。

しかし近年、日本でも**LGBTQ+**（セクシュアルマイノリティ：代表するレズビアン、ゲイ、バイセクシュアル、トランスジェンダー、クエスチョニングの五つの頭文字を取った言葉にプラスアルファを付けた通称）、**SOGI**《ソジ》（Sexual Orientation and

Gender Identityの頭文字のことで性的指向：好きになる性／性自認：自分の心の性を表す言葉）、**同性婚**、**同性パートナシップ条例**など、性にまつわるさまざまな事柄が議論されるようになってきている。

また、女性への性差別とジェンダー平等の観点から、**セクハラ**（セクシュアルハラスメント）、**マンスプレイニング**（mansplaining：男性が主に女性を無知と決めつけ見下したような態度で説明すること）、**ホモソーシャル**（homosocial：男同士の絆。男性が社会の意思決定をする性別であることを自認し連帯すること）などが問題視されている。

こうして挙げてみると、性に関する事柄を説明する言葉が増え、性に関わる事柄に対する意識が着実に高まっていることを感じる。今後は、日本でも心理療法や個人分析においても性に関するテーマを扱う機会が増えていくのではないかと思う。

性に関わる問題は**人間の根源的なテーマ**の一つである。性の多様性への意識がさらに深まっていくことを期待している。

社会的マイノリティとユング心理学

◉生きにくさを感じている人を力づける内容を持つユング心理学

ユング心理学は女性や社会的マイノリティと相性がよい。どこかメインストリームから外れていて、それゆえに生きにくさを感じている人に刺さりやすい。つまり、**メインストリームからこぼれ落ちる人たちとどこかしら共鳴するところがある心理学**である。

統計をとったわけではないので正確にはわからないが、体感では、おそらく今日のユング派分析家は、シスジェンダー（cisgender：生物学的性別とジェンダーアイデンティティが一致する人）でストレートの男性よりも、女性や社会的マイノリティの割合のほうが高いのではないだろうか。

少なくとも、現在のチューリッヒのユング研究所は、所属しているユング派分析家も学生も女性のほうが圧倒的に多いし、特に若い世代の男性は社会的マイノリティである場合が多い。また、学生は世界中からやってくるが、今日ではスイス人よりも中東やアフリカ、アジアといった非西洋諸国の出身者が多く、ヨーロッパでも東欧の出身者やロシア人が大半を占めている。

ユング派分析家のほうは、学生よりも年代が上であることもあって西洋人が多いが、それでも、長年チューリッヒで暮らしていてスイス国籍を持っているものの、元々はスイス以外の国の出身者という人が半数かそれ以上を占める。

このことは**初期の頃からユングのクライエントの多くが女性や外国人で占められていた**ことと無関係ではない。

ユング心理学はユング自身の経験に基づいた心理学なので、ユングのクライエントとの心理臨床経験が彼の心理学の構築に大きな影響を与えていることは疑いようがない。

ユングのクライエントたちは、ユングと出会うことで自らの内に眠る力に目覚めたが、ユングもまた、そうした彼らによって支えられたのである。

かくしてユング心理学は、メインストリームから抑圧された**周縁者の視点**が組み入れられた心理学となり、それゆえにそうした人たちを力づける内容を持つ心理学となっている。

ユングが自らの心理学に対し、そのような意図を持っていたかは定かではないが（女性に刺さる心理学であることを自覚はしていたようだ)、ユング自身が外面的にはシスジェンダーでストレートでインテリの西洋人男性というメインストリームの人間でありながらも、**内面的には周縁者の要素を多分に持っていた**ことは間違いないであろう。

彼のNo.2の人格はその表れであるし、最近の研究では、どうやらユングが幼い頃、男性から虐待を受けたらしいことが示唆されている。おそらく、そうしたこともあって、ユングは自ら認めているように男性と親密な関係を築くことが難しく、ホモソーシャルの中に自分を定位することに困難を抱えていたと思われる。


それゆえに、ユングは自らの内なる女性であるアニマとの間に強い絆を結ぶことができ、またアニマを通じて現実の女性たちと強い絆を育んだ。ユングの弟子の大半は女性であったし、そうした女性たちの多くが、もともとはユングのもとをクライエントとして訪れている。ユングは、自分の道を切り開いて自分らしく生きていくことが女性にふさわしいことだとされていなかった時代に、個人分析を通じて彼女たちに手を貸し、彼女たちが自分にふさわしい力を発揮していくのを後押しした。

同時代の心理学であるフロイトの精神分析学が、性的虐待にあった女性たちの声を封殺することで成り立っていたことを鑑みると、ユングの心理学は、少なくとも女性の声に耳を傾けようとする態度があった。

ユングはまた、男性的な合理的思考が社会を駆動し、人間が一面的になっていることを危惧しており、均衡をとるために、抑圧されている女性的なものを再び意識へ呼び戻すことの重要性を認識していた。このようなことから、ユング心理学は、キリスト教の下、**西洋において抑圧されてきた女性や女性性を力づける内容**を持っていた。

その一方、ユングの著作や公の態度には、現代の感覚からすると、父権主義的、性差別的、人種差別的に感じられ、違和感を覚える内容があるのも事実である。

とりわけ批判の的になりやすいのはアニマとアニムスの概念である。ユングは彼の生きた時代の先をいく先進的な男性ではあったが、性に対する伝統的な価値観も持ち合わせていたために、男性には内なる女性（アニマ）、女性には内なる男性（アニムス）を対応させた。そうした図式の中でユングは、同性愛の人は未熟な発達段階にあるとみなしていたし、当時はジェンダーの概念がなかったこともあるにせよ、生物学的性別とジェンダーアイデンティティが異なるトランスジェンダーの人などを考慮していない。

他にも、ナチズムを表立って批判しなかったため（裏ではナチに抵抗する動きを支援していたようである）、ナチ協力者や反ユダヤ人主義者だと糾弾されたり、特にアフリカ人や黒人についての無神経な言及から、人種差別主義者と批判されたりしている。このあたりのことについては、私もユング研究所にいる間に、内外から何度も批判の声を聞く機会があった。

ユングの著作や公の態度への批判は、真摯に受けとめられなければならないが、彼の生きた時代の文脈の中で受け取られなければならない面もあるだろう。

私は、ある側面では先進的で柔軟だが、ある側面では保守的という矛盾した態度に、彼も相反する思いの中で揺れ動く一人の人間だと感じる。それはユング心理学にも人間味を加味し、人間のこころがいかに矛盾に満ちたものかを自ずと示しているようにも思える。また、**ユング個人の経験が反映された心理学とはいえ、ユング個人の態度とユング心理学の本質とは、慎重に分けられなければならない部分もある**だろう。

いずれにせよ私自身が考えるユング心理学の本質は、**抑圧されてきたものを重要視し、意識化していくことで個性化に導く姿勢**にある。それは今の時代状況に照らしても普遍性を持つだろう。ユングにとって抑圧されていたものとは主に女性や女性性であったが、今日では社会的マイノリティ全般に対して拡大できる姿勢であるように思う。

「変わりたい人」の個性化を妨げる権利は誰にもない

◉人が変わらなくても変わっても、社会や世界は何も変わらない

社会学者の上野千鶴子さんは2019年の東京大学の入学式の祝辞において、「**フェミニズムは弱者が強者になりたいという思想ではありません。弱者が弱者のままで尊重されることを求める思想です**」と述べて国内外から反響を呼んだ。**弱者が弱者のままで尊重されること**——これは女性だけではなく、性的マイノリティ、障がい者、ホモソーシャルに違和感がある男性など、他の社会的マイノリティにも当てはまることだろう。

ただ、本書でも言及したマイクロアグレッションのように、あからさまな差別は減っても、**無自覚な差別**はなかなかなくならないし、社会的強者の立場にある人が社会的弱者の立場を想像し自分事とすることは、政治や企業の意思決定層のおじさんやおじいさんたちの相次ぐ失言やこころない発言、行動を見る限り、たやすいことではない。

私の個人分析家は、よく言っていた。

「人には限界というものがある。僕にも、君にもね。人は神ではないのだから、仕方のないことなんだよ。大事なことは、それを受け入れることだ」

だから、「社会的強者の立場にある」という限界によって社会的弱者のことが想像できず変われない人は、1ミリも変わらなくていいと私は思う。少なくとも、社会にあふれている多様性を知ったうえで、「それでも変われない自分の限界」を受け入れているのならば、それも一つの個性化の形であろう。けれども、**より自分らしく生きることを求めて変わりたい人の個性化の道を妨げる権利は誰にもない。**

一人ひとりの違いを尊重する社会に変わることは、変わりたくない人が変わることを求めない。変わりたくない人が変わらないままでいてよいのが、一人ひとりの違いが尊重される社会なのだから。それに、変わりたくない人が変わらなくても、変わりたい人が変わっても、社会も世界も何も変わらない。**社会も世界も、もともと多様性にあふれている。**

抑圧されてきたものの中に、意識されるべき声や知恵がある。それは、ユングが自らの心理学を通じて示したことだ。人や社会の複雑さや多様性を自分事としてとらえ、意識を深めていくとき、人も社会も個性化の道を歩み始めることができるだろう。

デジタル社会と心理臨床
〜AI、マッチングアプリ、メタバース〜

◉グーグル先生と接することによる光と影

スイスは多言語国家で、地域によって異なる公用語が四つ（ドイツ語、フランス語、イタリア語、ロマンシュ語）ある。ユング研究所のあるチューリッヒはドイツ語圏なので、ドイツ語が公用語となっている。

チューリッヒはスイス最大の都市で、さまざまな国や地域の人が暮らす国際都市でもあるので、生活をするうえでは英語で事足りる。教育水準が高いうえ、違う言語地域出身の若い世代の共通語が英語になりつつあるため、役所や銀行の人はもちろん、スーパーの店員さんに至るまで、ほぼ英語が通じる。ユング研究所の公用語もドイツ語と英語で、分析家は皆英語が話せるし、学生もスイス以外の国や地域から来る人が多いので、講義も個人分析も試験もすべて英語で受けられる。

このため、チューリッヒで何年も暮らしておきながら、私のドイツ語はさっぱり上達しなかったのだが、それでも年に何回かはドイツ語に直面しなくてはならなかった。役所から送られてくる書類すべてが公用語のドイツ語で書かれているのである。

前述のように、役所の人は英語がわかるので、私の返信は英語でよい。しかし、返信を書くためには、まず書類に書かれているドイツ語の内容を理解しなくてはならない。

この時、大変お世話になったのがインターネットの検索エンジンが運営する翻訳サイトであった。ドイツ語から日本語への翻訳はあまり精度が高くないが、ドイツ語から英語への翻訳は、同じ言語系統に属しているからかわかりやすく、本当に助かった。

その他にも検索エンジンには、ニュースを得ることから試験や論文の資料集めに至るまで、留学生活中、日常のさまざま面で恩恵を受けた。長期の海外生活は三度目だったが、情報面では今回が一番楽だった。

グーグル先生とはよく言ったもので、情報の精度はともかくとして、わからないことがあれば、とりあえず検索すれば何でも答えてくれる検索エンジンの便利さとデジタル社会の進展を肌で感じた。そのために私のドイツ語上達の機会が失われた部分もあるので、**何事にも光と影があることを意識しておく必要がある**ことは言うまでもない。

◉生成系AIに「ユング心理学について教えて」と質問してみたら…

このように思っていたら、２０２２年11月末に、アメリカのＡＩ研究機関であるOpenAI（オープンＡＩ）が開発した生成系ＡＩ（人工知能）のChatGPT（チャットGPT）が公開されて驚いた。

生成系ＡＩは、与えられたデータから新しいデータを自動的に生成できるＡＩで、ChatGPTは大量のテキストデータを学習し、その学習した知識を元にして、人間のような応答を自動的に生成できる。質問を入力すると、人間との会話のような自然な回答が返ってくる。質問に答えるだけでなく、要約や翻訳といった要望にも応えてくれる。

答えが生成されるまでに何秒かかかるので、実際の会話の際に相手が考える時間があるように、まるでこちらの質問に対して真剣に考えて答えようとしてくれているかのような錯覚を覚える。もしも留学中にChatGPTが公開されていたら、ドイツ語翻訳の際には間違いなくお世話になっていたことだろう。

他に公開されている有名な生成系ＡＩには、Midjourney（ミッドジャーニー）がある。こちらは学習した画像を元に新たな画像を生成する画像生成ＡＩである。

ちなみに、ChatGPTに「ユング心理学について教えて」と質問してみたところ、以下のような答えが返ってきた。「**ユング心理学は、スイスの精神科医・心理学者であるカール・グスタフ・ユングによって開発された心理学の理論です。ユング心理学は、個人心理学、集合的無意識、アーキタイプ、象徴などの概念を中心に展開されています**」

まとまっているものの、無難な答えである。この本を書く意味がなくなるような素晴らしい答えが返ってきたらどうしようかと思ったが、今のところ一応大丈夫そうでホッとした。

◉合理性の強まりとともに脚光を浴びる問題解決思考

ChatGPTやMidjourneyは**生成系ＡＩ**だが、「グーグル先生」に主に搭載されているのは、与えられたデータを分類する**判別系ＡＩ**である。

検索エンジンは、ユーザーが入力した単語や語句に対し、どのカテゴリーに属すかを判別し、最も関連性の高いウェブページを上位に表示する。判別系ＡＩは、自動運転技術や音声認識、画像診断などの分野で使用されているが、心理臨床の現場でも耳にする機会が多いのは**マッチングアプリ**だろうか。

マッチングアプリには、主に判別系ＡＩが搭載されている。ユーザーが入力したプロフィール情報や検索条件を元に、他のユーザーのプロフィールや検索条件を判別し、ユーザー同士のマッチングや適切な相手の推薦などを行うのである。

マッチングアプリの利用が一般的になってきた最初の頃こそ、やや後ろ暗いイメージで、利用していることを言いたがらないクライエントさんも多かったが、最近では若い世代を中心に、あっけらかんと利用していることを話す人が増えた。

スイスでも日本とさほど事情は変わらず、パートナーや恋人、結婚相手をマッチングアプリで探す人は多かった。特にスイスの場合は日本よりも多種多様な国や地域の出身者が多いので、宗教や政治、生活習慣上のタブーがある人もいる。そうした人たちにとって、スクリーニングすることができるマッチングアプリは、最初から自分のタブーを理解している相手と会うことができ、会っていく中でタブーが判明して関係が続かなくなるような非効率的なことをせずに済むので合理的ということのようである。

このようなクライエントさんの話を聞いていると、効率性や合理性を求める傾向が強まっていることを感じ、**プログラミング思考**がもてはやされるのも納得がいく。

プログラミング思考とは、プログラマーが用いる問題解決のための思考プロセスのことで、さまざまな分野の問題解決に応用できる。これを身につけ、デジタル社会の人材育成につなげるため、日本では2017年に改訂された学習指導要領により、プログラミング的思考の養成を狙った小学校でのプログラミング教育が導入された。

◉デジタル社会の心理療法は「プログラミング思考」が透けて見える

効率性や合理性によって駆動されるデジタル社会の波は、すでに心理臨床の現場にも押し寄せている。例えば、前述のChatGPTを心理療法のように使う人もいるという。わからないことを聞いたら答えてくれるだけでなく、悩み相談にものってくれるのだ。

私も試してみたところ、こんな具合であった。

私　「**実は悩んでいることがあります**」

ChatGPT「**そうですか。お話ししてもらえますか？　お力になれるかもしれません**」

私　「**友人とケンカしました**」

ChatGPT「**それは大変ですね。どうしてケンカになってしまったんですか？　話を聞かせてください**」

このような感じで会話を続けていったところ、最後は問題解決策の提示とアドバイスで終わった。確かによくできているし、インターネットにつながる環境さえあれば、いつでもどこでも無料でアクセスできる手軽さがある。しかし、結局は**問題解決策が示されるあたりには、効率性や合理性を重視するプログラミング思考が透けて見える。**

私にとって心理療法や個人分析は身体を伴った総合的経験の生じる場なので、思考機能に頼ったChatGPTとのやり取りは、やはり私の思う心理療法や個人分析とは異なるものだった。

◉身体性を切り離した心理療法

ただ、身体を切り離していく傾向は、心理臨床の現場においても今後ますます強まっていきそうである。近年、**メタバース**という現実世界とは異なるデジタル空間が注目を集めているが、すでに心理臨床においても活用され、デジタル空間での心理療法サービスが開始されている。クライエントさんと心理療法家の双方がデジタル空間に入るためのVR（仮想現実）機器（主には、目の前に液晶画面があるゴーグル型のヘッドセット）を装着して実施するようである。

デジタル空間で会う際は、お互いにアバター（デジタル空間において自分を表現するために作成するキャラクター）なので、確かに匿名性は高い。クリニックやカウンセリングルームなどに足を運ぶ必要もない。

オンラインでの心理療法や個人分析は、同じ空間にはいなくても、直接顔をあわせて行うし、少なくとも自分の身体反応は感じ取れるので、何とか身体性が保たれている。しかし、**メタバースやアバターになってしまうと現実の外の空間なので身体性がない。**前述のように、私は心理療法や個人分析には身体の要素が欠かせないと考えているので、身体性のないデジタルの世界での心理臨床は想像しにくい。

とはいえ、新型コロナウィルスの世界的流行によって、対面での心理療法や個人分析が当たり前ではなくなり、オンラインでの心理療法や個人分析が急速に普及したことを鑑みると、価値観の転換というものは起こり得る。メタバースでのアバター同士の心理療法や個人分析が、新しい現実になるときも来るのかもしれない。

◉非効率的で非合理的なものに目を向けよう

私の仮説は、デジタル技術は、より効率的で合理的な身体やこころを求める人間の欲望を反映したものではないかということだ。

人間は、身体やこころの持つ非効率性や非合理性に翻弄される。身体やこころは、自分の意思ではコントロールできない自律性を持ち、睡眠や休息を必要とし、時にさまざまな症状を出して、人間が効率的・合理的に生きることを阻害する。デジタル技術は、そのようなままならない身体やこころを、できるだけ切り離していきたいという人間の欲求の現れに見える。

ユングは、効率性や合理性に突き進んでいく人類に対して警鐘を鳴らしていた。**効率性や合理性を追求することは、人を一面的にし、身体とこころのバランスを損なっていく。**だから、ユング心理学は、効率性や合理性に疑問を投げかける性質を持っている。

しかしながら、ユングの時代から時を経て、効率性や合理性の追求は止むことなく、むしろ加速する一方である。

身体やこころが関わることは大抵、非効率的で非合理的だ。だから、心理療法や個人分析も元来、非効率的で非合理的である。自分の身体やこころと向き合うには努力がいる。決まった時間を空け、料金を払い、時には何年も通うことになる。

そして何よりも大事なのは、自分の身体やこころに注意を払い、発せられるメッセージを聞こうとする態度だ。人が効率性や合理性を追求する中で、切り離されていく非効率的で非合理的なものの中にこそ、得られるものがある。それは、自分の非効率的で非合理的な部分を受け入れるということでもある。

人は自分を完全にコントロールすることはできないし、自分のすべてを理解することもできない。そもそも私たちが「自分」だと思っている部分である自我や意識は、こころの全体からすれば氷山の一角に過ぎず、大半は無意識で、そこは意識の世界のルールが通用しない、非効率的で非合理的なところである。

それなのに、多くの人は「自分」が身体やこころを支配していると思っている。だから、身体やこころが「自分」の支配に反するような非効率的で非合理的な働きをしだして症状を出すと、悩むことになる。

私たちは、自分自身の内に非効率性や非合理性を抱えている。そのことを受け入れていくことによって、生きることが楽になるし、自分にも他人にも寛容になれる。そして、そのような構えに至るためには、例えば心理療法や個人分析のような、非効率的で非合理的な努力が必要になる。それは面倒だし、コストや時間もかかる。

けれども犠牲を払わずに得られるものなど何もない。デジタル技術の向かう先が人間から身体とこころを切り離していくことであるならば、心理療法や個人分析はそれを補償するものであるし、そうあり続けることが一つの使命ではないかと私は考えている。

第9章

ユング心理学を学ぶには

ユングの生涯

◉「元型としての母親像」が大きく作用しているユングの生涯

ユング心理学はユングの個人的な経験を基礎にした心理学である。ユング本人も認めているように、1912年に始まり、第一次世界大戦を経て、1919年ごろまで続けられた思索が根幹を成している（ユング、1972, pp.274-283）。

特に1913年ごろのフロイトとの決別をきっかけとした幻覚や幻聴を伴う精神的危機は**「創造の病」**ともいわれ、この時期になされたユング自身の内的世界の探究と分析を基にユング心理学が醸成されていく。また、ユングは精神科医で、心理臨床活動を生涯にわたって行っていたので、その経験から得られた知見も大きく寄与している。

ユングは、時代の先をいくところがあったゆえに忘れられがちなのだが、イギリスが世界経済の覇者であったヴィクトリア朝の中期ごろ、まだ伝統的な価値観が色濃く残る1875年に、スイスの北部ケスヴィルで生まれている。その後、第一次世界大戦、第二次世界大戦を経て、冷戦中の1961年に85歳で亡くなった。

スイスは二つの大戦中も冷戦中も安全と自由が保たれていたとはいえ、その一生の間に多くの破壊や暴力、死、そして再生を目撃することになった体験は、ユングの生涯の研究テーマでもあった**善と悪の問題**にも大きく影響を及ぼしたに違いない。


ほとんどの人がそうであるように、ユングもまた**両親との関係性がその生涯に大きく作用**している。ユングは幼少期から父親よりも母親に親しみを抱いていた。

父親はプロテスタントの牧師で、学生時代は語学の才能に恵まれたが、牧師になってからはそれを生かせず、いつもイライラしていた。ユングの目に父親は、伝統的なキリスト教の教えについて問うことをしようとしない人に映っていたようである。

ユング心理学では現実の母親や父親の重要性に加え、その背後に**元型としての母親像や父親像**が存在していると考える。ユングの場合は、特に母親の背後にそうした元型が強く働いていることを感じ取っていた。ユングが自分の内に二つの人格が存在することを意識していたように、自分の母にも実際の人格と元型的な人格の二つがあった。

ユングの母親は1923年に亡くなったが、ユングは母親を伝統的なキリスト教に収まる存在ではなく、元型的な**異教の要素を持つグレートマザー**（「母なるもの」のイメージ。あらゆるものを生み、育て、慈しむ偉大な母のイメージを指し、神話などでは地母神や大地の女神といった形で描かれる）的人物とみなしていたようである。このような自身の母親の持つ要素と、ユングは強い絆を感じていた。母親を通した元型との関わりが、女性性を重視するという意味においてユングとユング心理学に寄与したことは間違いないだろう。

さまざまな著者によるユングの評伝や伝記の類いも数多く出版されているので、興味のある方はあたってみてほしい。また、ユングを主人公や登場人物にした映像作品や舞台も制作されている。最近ではYouTube等でもユングのインタビュー映像や音源などが公開されている。

ユング本人による自伝もユングの死から2年後に出版されている。これは口述筆記という形をとっており、晩年のユングが自らの人生を回想したものになっている。家族などの意向により元の原稿から省かれた部分もあるが、ユング心理学の入門書としても読むことができる内容となっている。この本は、多くのユング派分析家がユング心理学に興味を持ったきっかけとして挙げている。

ユングの著作

◉意図的にわかりにくく書いたという説も…

ユングの著作は20巻の全集として刊行されている。この全集から特定のテーマに沿って抜き出され、編集された本もある。

全集の他にも、ユングとさまざまな人物との往復書簡、大学等で行った講義をまとめた本なども刊行されている。全集は、ハードカバー版やペーパーバック版は入手しにくい状況だが、電子書籍で購入することができる。

日本は翻訳大国なので、ユングの主要な著作については、ほぼ日本語訳が出版されている。ユングは**自分の心理学が一般化・単純化されることをあまり好まず、意図的にわかりにくく書いた**という説があるほど、一部の著作を除くと一般の読者には読みにくいところがあるかもしれない。

ユングは内向的な人だったので、著作によっては自分の内的世界に入り込んでしまい、引用をあちこちにちりばめ、当時の教養人の常識であったラテン語の語句を多用するなどしている。

ユング心理学について学ぶ際、初学者はまず**河合隼雄**先生など、日本のユング派分析家が書いた入門書から入ったほうがわかりやすいと思う。


私がユング研究所に留学していた際、「訓練を終えて資格を取得することができたなら、自分の出身国のユング派分析家の第一号になる」という学生何人かと出会う機会があった。私見であるが、出身国の第一号のユング派分析家の責任は重大である。その国でのユング心理学の行く末が、その人が帰国してからどうするかにかかっていると言っても過言ではない。

日本のユング派分析家の第一号が河合隼雄先生であったことは、日本やユング心理学にとって非常に幸運なことであったに違いない。

ユング研究所

◉日本人留学生がユング研究所でカルチャーショックを受ける理由

さらにユング心理学を学びたい人や、ユング派分析家の資格を目指したい人については、**ユング研究所**が講義や教育訓練を行っている。

ユングは、1916年に自身と弟子たちとの内輪のサークルであるチューリッヒ心理学クラブを設立し、30年以上、そこで弟子たちと自分の最新の研究について議論をする形で活動していた。しかし、ついに弟子の一人の説得に応じて1948年にスイスのチューリッヒに最初のユング研究所を設立し、世間に門戸を開いた。

ユング自身は研究所の設立には積極的ではなかったが、ユングの弟子はユングの死後にいずれそうした研究所が設立されることを見越し、存命中に設立したほうが彼の望む方向に進めることができると説得したのであった。

以降、ユング研究所は、主に**ユング心理学の講義**と**ユング派分析家の資格取得のための教育訓練機関**となっている。講義には一般の人も参加できるが、ユング派分析家の教

育訓練を受けるには応募をして面接試験を受け、入学を許可されなければならない。

現在、ユング研究所は世界各国にあり、アメリカのような広い国では複数の都市に存在している場合もある。ユング派分析家の大半が所属している1955年に設立された国際分析心理学協会（IAAP：International Association for Analytical Psychology）によると、現在ユング研究所やそれに類する組織は世界に69か所あり、約3500人のユング派分析家が活動している。

ユング研究所は日本にもあり、2002年に設立された。それまでユング派分析家の資格を取るためには海外のユング研究所に留学する選択肢しかなかったが、今では日本国内ですべての訓練を行う道も開かれている。

ユング研究所のユング派分析家資格取得のための教育訓練課程への応募条件は、各研究所によって異なっている。昨今は精神科医や心理士に限っているところも多いが、チューリッヒのユング研究所は、伝統的に他分野の専門家も受け入れている。エンジニアや音楽家、ビジネスパーソンなど、心理臨床経験がゼロの人も多いので、ほとんどが精神科医か心理士で心理臨床経験を持つ日本人の留学生は、チューリッヒのユング研究所へ行くと、このあたりでまずカルチャーショックを受ける。

私も最初の頃はいちいち困惑や反感を覚えていた。

しかしだんだんと、これまで自分を取り巻く人や環境がいかに同質的だったかが見えてきて、「この世界はこんなにも多様性にあふれているのだから、多様なユング派分析家の人たちが多様なクライエントさんたちと仕事をして、より多くの人の多様性に対する意識化が進展することに貢献してくれるのなら、それはそれで意味があるから、いいや」という境地にたどり着いた。**本当の意味で多様性を理解するのは大変なこと**なのである。頭で理解するその先に行かなければならない。

ユング研究所の留学生たちによって多様性の洗礼を受けたことは、私にとって多様性を自分事として引き受け、心理臨床の場に接続していく機会となったと考えている。

上：ユング研究所（ISAP ZÜRICH）。昔、郵便局として使用されていた建物の一階と二階部分を使用している　下：講義室

◉ユング派分析家になるための訓練

ユング派分析家になるための訓練は、ある意味では**徒弟制度**に近い。訓練では個人分析が最重要視されており、全教育訓練課程の大きな割合を占めるのだが、この個人分析を受けるユング派分析家は、訓練生が自分に最もピッタリくる人を選ぶ。いわば、自分で選んだ師匠に弟子入りする感じである。

師とはいえ訓練生をとても対等に扱ってくれるので、こころの旅路を共にしてくれる同伴者や伴走者、もしくはガイドに近い存在だろうか。私の個人分析家はユングと直接の面識があり、彼と一緒に仕事をした第一世代の一人が個人分析家だったので、私は第三世代、一応ユングのひ孫弟子になる。

ユング心理学は**座学よりも個人分析によって学ぶところが大きい**。自分の経験を通じてユングの言及していることが腑に落ちたりつながりを持ったりし、現実の生活や、心理療法家の場合はクライエントさんたちとの仕事に還元することができるようになる。

もちろん、ユング派の個人分析を受けなくてもユング心理学を学ぶことはできる。そうした方々のユング心理学に関するすばらしい研究や実践も数多くなされている。しかし、私は、やはりユング心理学は知識だけではなく、自分の身体とこころを通して学ぶことで、より深い理解をもたらす心理学であるように思っている。

スイスのユング研究所

◉スイスには三つのユング研究所がある

日本人のユング派分析家の第一号であった河合隼雄先生がスイスのチューリッヒにあるユング研究所に留学したこともあり、日本人がユング研究所に留学する際はスイスが選ばれることが多い。**スイスがユング心理学誕生の地**ということも大きいだろう。

混乱を避けるため、ここまであえて明記しなかったが、実は現在、チューリッヒには三つのユング研究所がある。私が留学していたのはこの中のISAP ZURICH（International School of Analytical Psychology ZURICH）というユング研究所になるので、本書で私が言及している「ユング研究所」はすべてこちらを指している。

他のユング研究所は、インスティテュート（Institut）と通称されるC. G. Jung Institut Zürichと、ツェントラム（Zentrum）と通称されるResearch and Training Centre for Depth Psychologyである。

キュスナハトのユング研究所（Institut）

この中ではInstitutが最も歴史が古く、１９４８年にチューリッヒ市内に設立された最初のユング研究所が１９７９年にチューリッヒ郊外の町キュスナハトに移転したものである。

次に古いのが１９９４年にチューリッヒ市内に創設されたZentrumで、最も新しいのが２００４年創立のISAP ZURICHである。

ISAP ZURICHは主に方針の違いによってInstitutから分離・独立したユング研究所であるが、現在ではお互いの研究所に所属する分析家間、学生間での交流がある。

それぞれのユング研究所の特徴を一言で簡潔に述べるならば、**ISAP ZURICHは伝統的、Institutは革新的、Zentrumは独自路線**ということになるだろうか。

ISAP ZURICHはユングの時代からの伝統を重んじ、ユング派分析家資格取得のための教育訓練は、基本的に学生が教育訓練中の一定期間、スイスに居住することを前提としている。

一方、Institutの教育訓練課程は、母国に足場を置いたままでも教育訓練ができるので、普段は母国で仕事をして、年に数回スイスに通うというやり方で教育訓練を受けている学生も多い。

Zentrumは、おそらく最も忠実にユングの時代の教育訓練のやり方を守っており、個人分析における夢分析を最重要視している。

ユングの足跡を訪ねて

◉知らなければ見逃してしまいそうなユングゆかりの地

スイスは風光明媚な観光立国でもあるので、旅行の目的地としても楽しめる。物価は高いが清潔で治安もよく、安全に旅することができる。公共の交通機関も時刻表通り運行するので信頼がおける。こうした点は日本人にとってストレスを感じにくく、過ごしやすく感じるところだろう。

スイスは内陸国で、ヨーロッパのほぼ中央に位置している。ナポレオン戦争後のヨーロッパの秩序回復を図った１８１５年のウィーン会議で**永世中立国**として認められ、今日までそれを国是としている。中立を貫いたため、スイスは１９１４年から１９１８年にかけての第一次世界大戦と１９３９年から１９４５年にかけての第二次世界大戦に巻き込まれずにすんだ。

ユングの仕事が波に乗りはじめ、国際的評価が高まってきたのは、第一次世界大戦の数年前ごろからであったが、この頃のチューリッヒには永世中立による安全を求めて多彩な人々が集っていた。周囲を山に囲まれ、海のない内陸国であるスイスは、国外追放や迫害にあった人々が逃げ込める**ヨーロッパの安全な器**として機能しており、19世紀以来、ヨーロッパ各国の人々の亡命先として知られていた。

第一次世界大戦前夜のチューリッヒでは、ドイツや東欧からの亡命者たちが芸術や文学におけるダダイズム（既成概念の破壊と個人の欲求を解放する芸術運動）を形成し、のちにロシア革命の指導者となったウラジーミル・レーニン（Vladimir Lenin）が潜伏していた。また、アイルランド出身の作家ジェームス・ジョイス（James Joyce）もチューリッヒに移住していた。ジョイスはユングとも接点があり、ユングはのちにジョイスの作品『ユリシーズ』について分析心理学的に論じた著作を残している。

チューリッヒ湖とチューリッヒの街

ユングの生きた時代のチューリッヒは、さまざまな思想が行き交う国際色豊かな場であり、二つの世界大戦の戦前・戦間期・戦後を通じて安定と自由が保たれていた。ユング心理学が現代にも通じる多様性への寛容さを持つに至った要因の一つには、チューリッヒという地の持つこのような特性が背景としてあげられるのかもしれない。

ユングの足跡を訪ね、チューリッヒの街にいくつか残る**ユングのゆかりの地**を紹介したい。レーニンやジョイスの場合はゆかりの地に表示が掲げられており、それらが目印となるが、ユングに関してはそうした類いのものがほとんどない。**知らなければ見逃してしまうような街の中の一風景**となっている。

このようなひっそりとした控えめな形になっているのは、ユング自身やユングの家族の意向とも、ナチスの協力者とのレッテルを貼られたことによるものとも伝わる。また、近年のスイスにおけるユングの一般的な知名度がそこまで高くないことも影響しているのかもしれない。

①チューリッヒ心理学クラブ

チューリッヒはスイス最大の都市で、鉄道、道路、航空などの要衝であるとともに、世界有数のトップ校でユングも教鞭をとった連邦工科大学チューリッヒ校（ETHZ）やチューリッヒ大学を有する学

チューリッヒ心理学クラブ内の様子

術都市でもある一方、どこかのどかな村の雰囲気もある街である。森や山に囲まれていて、南東に向かって細長い三日月形のチューリッヒ湖が広がり、静かでゆっくりできる公園もあちこちにある。

チューリッヒはコンパクトな街で、どこへ行くにもだいたい30分もあれば着く。チューリッヒ心理学クラブもチューリッヒの中心部からトラムで約10分程度の距離にある。

スイス出身の芸術家であるジャコメッティ（Alberto Giacometti）やホドラー（Ferdinand Hodler）の作品を数多く所蔵するチューリッヒ美術館から徒歩5分程度である。ユングの時代と変わらず、ゲマインデ通りの高級住宅街の一角にある。

一般には公開されていないので、関係者以外は中に自由に入ることはできないが、年に何回か一般参加が可能な講義を行っているので、それに参加する場合は入ることができる。内部には講義室、図書室、面接室などがある。

ブルグヘルツリ精神病院

②ブルグヘルツリ精神病院

1900年末に、ユングはチューリッヒ大学病院付属のブルグヘルツリ精神病院の院長で「統合失調症」の名称を創設したオイゲン・ブロイラー（Eugen Bleuler）の助手となる。

この病院で出会った数々の症例はユングの治療者としての姿勢を鍛え、精神病者の内面で何が起きているのかについての理解を深めることにつながった。

ブルグヘルツリ精神病院は、チューリッヒの中心部からトラムで30分程度の場所にあり、近くにはハイキングコースやブドウ畑もあるのどかな場所にある。現在も精神病院として使用されているため中には入れないが、外から見ることはできる。病院の前の坂を下っていくとブロイラーの名を冠したブロイラー通りがある。

③ユングの家

チューリッヒ中央駅から列車で15分ほどの郊外の町であるキュスナハトに、ユングは1909年より自宅を構えていた。

当時のキュスナハトは、じめじめとした湿地でそれほどよい場所ではなかったらしいが、現在では高級住宅地として知られる。

チューリッヒ湖の北東の沿岸地域は日当たりがよいため「ゴールデンコースト」と呼ばれており、キュスナハトはそのゴールデンコースト側にある。

キュスナハト駅から徒歩で15分ほどの場所にユングの自宅がある。こちらは2017

年より家の半分程度が博物館として一般に公開されている。公開されていない部分には今もユングの子孫が居住している。

この自宅は、どうしても塔を設えたかったユングがこだわって設計しており、彼の手による設計案が公開されている。また、広間やリビング、ユングが面接や執筆をした書斎が公開されている。玄関の門扉の上の石にはユング自身の手によりラテン語で**VOCATUS ATQUE NON VOCATUS DEUS ADERIT（呼ばれても呼ばれなくても神はいる）**と刻まれている。

ユングの自宅（キュスナハト）

これは古代ギリシアのデルフィの神殿で下される神の神託の一節から取られている。ユングによると、彼はこの語句を自分自身とこの自宅で会っていたクライエントたちが**「神への畏れは叡智への第一歩である」**ということを忘れずにいるために刻んだという。

おそらくは、「人間が深い知恵を得るためには、自分を超える大いなる存在の前に謙虚になる必要がある」という、慢心を戒める意味を込めた語句なのであろう。ユングはこの語句を大事にしており、後述する墓石やボーリンゲンに造った塔にも刻んでいる。

ユングの自宅に行く道すがら、キュスナハトにあるユング研究所（Institut）を訪れることができる。こちらは受付の人にユングやユング心理学に関心を持っている旨を伝えれば、部外者であってもおそらく可能な範囲で見学させてくれるだろう。もちろん、一般公開の講義に参加する場合は問題なく入れる。

私も興味のある講義があるときは、こちらの研究所に行っていた。湖に面した趣のある美しい建物で、講義室の窓から湖が広がっているのが見える。ISAP ZURICH の友人たちとは、「研究所の建物で比べるなら、どう考えてもキュスナハトのユング研究所が圧勝だよね」ということで意見が一致している。

「呼ばれても呼ばれなくても神はいる」と刻まれた門扉の上の石

④ユングの墓

キュスナハト駅から徒歩5分ぐらいの墓地の一角にある。チューリッヒにあるジョイスの墓にはジョイスの像が建っているが、ユングの墓はそのように目立つものは何もなく、ほとんど装飾のないシンプルな墓で、他の墓に紛れている。墓も彼個人のものではなくユング家のもので、刻まれている彼の名前以外には一見してユングが埋葬されているとわかるものは何もない。

ユング家の墓のすぐそばにはユングの弟子のマリー・ルイーズ・フォン・フランツとバーバラ・ハナの墓がある。

ユングは、今だと「シスターフッド」(sisterhood)と呼ばれるような、女性同士の連帯を後押しすることがあった。自分の弟子の独身の女性同士がお互いに支え合うために、一緒に生活するよう助言することがあったのである。この助言に従い、二人はルームメイトとしてキュスナハトの家で一緒に生活していた。

ユング家の墓

フォン・フランツとハナの墓

⑤番外編：ボーリンゲンの塔

ボーリンゲンの塔は、運と縁とタイミングがそろわないと行けない場所なので、ここに含めるべきか悩んだが、ユングにとって重要であるとともに一見の価値のある場所なので言及しておく。

たとえユング研究所の学生であってもなかなか行ける場所ではなく、このユングの遺産を相続した子孫たちも大々的に公開する意思はなく、あくまでユングやユング心理学に興味を持つ人のための**密やかな巡礼地**のような形にとどめておきたいようである。

ユングの子孫は今でもこの塔を訪れ、プライベートで使用している。こうしたこともあって一般には公開されていない。私は幸運にもユングの孫にあたる方に案内していただく機会に恵まれた。ユングについての思い出を尋ねると、厳しくも優しいおじいちゃんだったと話してくれた。

ボーリンゲンの塔は、1922年、ユングが47歳の時に購入したボーリンゲンの土地に建てられ、ユングの手によって造られた。この塔は、チューリッヒ湖の湖畔にあり、チューリッヒ中央駅から最も近い駅まで列車で40分程度、そこからさらに徒歩で約40分という、なかなか行きにくい場所にある。ユング自身は、自宅からボーリンゲンまで、

左：ボーリンゲンの塔
上：ボーリンゲンの塔の外壁

チューリッヒ湖を舟で渡って行っていた。

ボーリンゲンの塔については作家の村上春樹さんの小説『1Q84』の中で触れられているので、一部引用してみたい。村上春樹さんは河合隼雄先生との親交が深く、一緒に本も書いている。

「その建物は『塔』と呼ばれた。彼はアフリカを旅行したときに目にした部落の小屋に似せて、それをデザインしたんだ。一つも仕切りのない空間に生活のすべてが収まるようにした。とても簡素な住居だ。それだけで生きていくには十分だと彼は考えた。電気もガスも水道もなし。水は近くの山から引いた。しかしあとになって判明したことだが、それはあくまで一つの

元型に過ぎなかった。やがて『塔』は必要に応じて仕切られ、分割され、二階がつくられ、その後いくつかの棟が付け足された。壁に彼は自らの手で絵を描いた。それはそのまま個人の意識の分割と、展開を示唆していた。その家屋はいわば立体的な曼荼羅《まんだら》として機能したわけだ。その家屋がいちおうの完成を見るまでに約十二年を要した。（……）」

（村上、2020, 位置No.2985-2990）

⑥番外編：バーゼル

バーゼルは、チューリッヒ中央駅から列車でおよそ1時間の距離にあり、ユングが幼少期から青年期までを過ごしたクライン・ヒューニンゲンの実家近くの都市である。北西部に位置するスイスで三番目に大きな都市で、チューリッヒと同じドイツ語圏ではあるが、フランスとドイツの国境に面した街であるため、チューリッヒとはまた一味違う趣がある。街の中心をライン川が流れ、中世の街並みが残る美しい都市である。ユングの時代には、バーゼルの上流階級の人々はフランス語を話していた。今でもフランス語を話す人が多く、こうしたこともあってか、バーゼルはどことなくフランスの香りがする都市である。

スイス人の同僚によると、ユングの話すドイツ語や英語にはバーゼルのアクセントがあったという。チューリッヒとバーゼルとは日本でいう東京と京都のような関係で、バーゼル人は歴史のある古都であるバーゼルを非常に誇りに思っていると聞く。また、製薬、農薬、化学系の世界的企業が集まり、外国人が多く暮らす国際的な都市でもある。

たまたまなのかもしれないが、スイス人のユング派分析家は、なぜかバーゼルの出身者であることが多い。バーゼルは、中世から学芸と文化の中心地で、ユングが後年研究に没頭した西洋錬金術が栄え、印刷業が盛んだった。また、今日まで伝わるバーゼルの伝統的な祭りには、異教的な要素が色濃く残る。

バーゼル大聖堂

チューリッヒが都会的でドライな国際性を備えているのに対して、バーゼルにはそれとは違った形の、地に根ざした自由さや異端を受け入れる寛容さがあり、ユング心理学とどこか共鳴するところがある土地柄といえるのかもしれない。

バーゼルでは、219ページでも触れた、ユングが12歳の時にヴィジョンを見たバーゼル大聖堂、そのすぐ近くにあるユングの通ったギムナジウム（大学進学を前提とした中高一貫のエリート養成校）を見ることができる。

ユングは、実家のあったクライン・ヒューニンゲンからバーゼルまで歩いてこのギムナジウムに通学しており、おそらく片道1時間前後はかかったと思われる。ギムナジウムでは裕福な家庭の同級生も多かったが、ユングの家は穴のあいた靴を買い替えることもできないほど貧しかった。

ユングの通ったギムナジウムの門

ユングの実家は二階部分の一部屋

さらに20歳の時に父親が亡くなり、ユングは一家の大黒柱として家族を経済的に支えなくてはならなくなった。経済的な負担はユングの肩に重くのしかかり、当時通っていたバーゼル大学の学費の工面も危ぶまれるほどであった。
ユングの実家も外から見ることができるが、大聖堂やギムナジウムのある華やかな地域とは異なり、質素な家が立ち並ぶ通りの一角にある。ユングは、こうした幼少期から青年期にかけての経験から、経済的に安定した後も、生涯にわたって貧困への恐怖を抱えていたと伝わるが、そのことが想像される家である。

◉「非日常の世界へ行って帰ってくる」ことで獲得されるもの

近年、欧米で出版される自伝や回顧録の書き方の傾向が、「時代の記録」というよりも、「私の物語」としての側面が強くなっているという（朝日新聞、2023-01-15）。

別にこのトレンドに乗っかったわけではないのだが、気づけば本書もまさに**「私の物語」としてのユング心理学**という形になっているのではないかと思う。それがはたしてよいことなのかはわからないが、今ユング心理学の本を書くのならば、私という器を通さなければ、新たに書かれる意味がないのではないかと考えながら執筆していたのは事実である。

だから本書は、私という一人のユング派分析家が語るユング心理学の物語になっている。同じ物語でも100人いれば100通りの語られ方があるように、他の人がユング心理学を語れば、また違った物語の様相を呈するのであろう。

何かを語るということは、井戸から水を汲み上げることに似ている。私の内にある井戸から言葉という水を汲み上げ、今の私にしか語れないことを書くことに意味があるのではないかと思った。

私は昔から書いたり話したりしながら考えを煮詰めていくタイプで、最初に大まかな構想を決めても、その通りに書けたためしがない。主な問題意識に沿って、書いたり話したりしている先から生まれていくものを追いかけて、あちらこちらに寄り道しながらようやく何かを捕まえ、一応の終着点にたどり着くのが私に合ったスタイルのようである。

本書も**「ユング心理学って何なの？」**ということを常に問い続けながら書いていた。本書の中では、ここまで自分の内から汲み上げた言葉をつかまえながら、さまざまな観点からこの問いに対する答えを紡いできたが、ついにエピローグのページにたどり着き、この問いに対して今の私に最もしっくりくる答えにたどり着いたように思う。

私にとってユング心理学とは、**「行きて帰りし物語」**（There and Back Again）の構造を持った心理学である。「行きて帰りし物語」というのは、J・R・R・トールキン（J.

R. R. Tolkien）の『指輪物語』の前日譚で、映画にもなった『ホビットの冒険』の原題の一部である。

『ホビットの冒険』も『指輪物語』も、簡単にいうと、主人公が「日常とは別の場所（非日常）へ行って帰ってくる」という構造を持った物語だが、この構造は神話やおとぎ話にも多く見られ、古くからある物語の基本的なパターンである。

この構造を持つ物語では、多くの場合、**非日常の世界へ行った主人公が何かを得て帰ってくる**。具体的には、神話やおとぎ話であれば伴侶や宝物、『ホビットの冒険』であれば指輪、『指輪物語』であれば平和や仲間になるが、本質的には、それらを得るプロセスにおける成長や経験が「非日常の世界へ行って帰ってくる」ことによって獲得されるものである。

ユング心理学では、神話やおとぎ話は、人間の最も基本的なこころの働き方を物語を通じて象徴的に示していると考えている。「非日常へ行って帰ってくる」という構造をこころの働きとしてとらえると、「非日常の世界」は無意識を象徴し、そこにアクセスすることによって大事なものが得られることを示唆していると考えられる。

ユング心理学は、「行きて帰りし物語」と同じく、「非日常の世界」である無意識の世界へ赴き、そこを探究していくことで、その人にとって大事なものを得ようとする。無意識の世界から持ち帰ったものは、意識を増やし、日常の生活に還元されていく。それは、他人との違いを自分で見出し、自分や世界の多様性に開かれていくことを意味し、そのことによって人はより強くなり、安心し、生きやすくなる。

この構造は、ユング心理学における個性化の過程とも呼応する。**私たちが自分の足でしっかり立ち、自分らしく生きるためには、「非日常の世界」である無意識の世界へ行き、そこで自分の内にあって意識されないままになっている知恵を学ばなければならない。**そして、その旅から帰り日常に再び戻るとき、そこには非日常の世界とつながりを持ち、これまでとは違った形で日常を生きていくことができる自分がいる。

思えば、私のスイスのユング研究所への留学と帰国もまた、非日常へと赴き、日常へと帰る旅路であった。ユング派分析家になるための教育訓練課程において、自分の内に広がる無意識という非日常の世界を旅し、また日本という日常に戻ってきた。

ユングは、個性化とは、最終的に社会の中に戻り、個性化の過程で得たものを社会に還元していくことであると考えていた。個性化は、ここで終わりというわけではなく、生涯にわたって続く道のりであり、私自身の個性化の道のりはこの先もまだ続いていく。ただ、一つの大きな旅を終えた身として、そこで得たものを私なりに社会に還元したいと思った。そのささやかな試みが本書である。

とはいえ、本書を執筆する道のりは決して平坦ではなかった。どうやら私の内の井戸がいっとき枯渇してしまったようで、汲み上げても汲み上げても何もすくい上げられない日々が続いた。地面に染み込んだ水がいくつもの地層でろ過され、やがて地下水になっていくように、私も日々の生活をなんとか送る中で、これまでの旅路で得たことが少しずつろ過されていき、少しずつ井戸の水が溜まっていくのを感じていた。すくい上げられる程度に溜まるまで、かなりの時間を要した。

その間、温かく見守り辛抱強く待ってくださった編集者の佐藤美玲さん、そして本書に素敵なイラストを描いてくださった植田たてりさんに感謝したい。また、これまでの私の旅路を支え、協力してくれた多くの方々にも厚く御礼申し上げる。

2023年5月

山根久美子

参考文献等

ベネディクト・アンダーソン、白石さや・白石隆（訳）(1997). 増補 想像の共同体　ＮＴＴ出版

マギー・アンソニー、宮島磨（訳）(1995). ユングをめぐる女性たち　青土社

荒川弘 (2010). 鋼の錬金術師 第27巻　スクウェア・エニックス

ブレイディみかこ (2021). ぼくはイエローでホワイトで、ちょっとブルー 2　Kindle版　新潮社

ミヒャエル・エンデ、田村都志夫（訳）(2007). 自由の牢獄　岩波書店

福岡伸一 (2017). 新版　動的平衡：生命はなぜそこに宿るのか　小学館

Hannah, B. (1997). *Jung: his life and work.* Wilmette, Illinois: Chiron Publications.

Hannah, B. (1967). *Some glimpses of the individuation process in Jung himself.* Unpublished manuscript. Zurich.

ジュディス・L・ハーマン、中井久夫（訳）(1999). 心的外傷と回復〈増補版〉　みすず書房

一橋桐子の犯罪日記　ＮＨＫ、2022-10-8.

Jung, C. G. (1940). The Psychology of the Child Archetype. In Read, M. Fordham, G. Adler, & W. McGuire (Eds.). (R. F. C. Hull, Trans.). *CW9i* (pp. 151-181). New Jersey: Princeton University Press.

Jung, C. G. (1950). In Read, M. Fordham, G. Adler, & W. McGuire (Eds.). (R. F. C. Hull, Trans.). *CW18* (pp. 449-454). New Jersey: Princeton University Press.

Jung, C. G. (1954). Analytical Psychology and Education. In Read, M. Fordham, G. Adler, & W. McGuire (Eds.). (R. F. C. Hull, Trans.). *CW17* (pp. 63-107). New Jersey: Princeton University Press.

Jung, C. G. (1960). The Structure and Dynamics of the Psyche. In Read, M. Fordham, G. Adler, & W. McGuire (Eds.). (R. F. C. Hull, Trans.). *CW8.* New Jersey: Princeton University Press.

Jung, C. G. (1966). Two Essays on Analytical Psychology. In Read, M. Fordham, G. Adler, & W. McGuire (Eds.). (R. F. C. Hull, Trans.). *CW7.* New Jersey: Princeton University Press.

Jung, C. G. (1969). Psychology and Religion: West and East. In Read, M. Fordham, G. Adler, & W. McGuire (Eds.). (R. F. C. Hull, Trans.). *CW11.* New Jersey: Princeton University Press.

Jung, C. G. (1970). Mysterium Coniunctionis. In Read, M. Fordham, G. Adler, & W. McGuire (Eds.). (R. F. C. Hull, Trans.). *CW14.* New Jersey: Princeton University Press.

Jung, C. G. (1971). Psychological Types. Read, M. Fordham, G. Adler, & W. McGuire (Eds.). (R. F. C. Hull, Trans.). *CW6*. New Jersey: Princeton University Press.

カール・グスタフ・ユング、A・ヤッフェ（編）、河合隼雄・藤縄昭・出井淑子（訳）(1972). ユング自伝——思い出・夢・夢想——1　みすず書房

カール・グスタフ・ユング、A・ヤッフェ（編）、河合隼雄・藤縄昭・出井淑子（訳）(1973). ユング自伝——思い出・夢・夢想——2　みすず書房

Jung, C. G. (2009). Shamdasani, S. & Hoerni, U. (Eds.) *The red book -Liber novus: a reader's edition*. New York: W.W. Norton & Co.

Jung, C. G. (2020). Shamdasani, S. (Ed.) Liebscher, M. Peck, J. & Shamdasani, S. (Trans.) *The black books: 1913-1932: notebooks of transformation*. New York: W.W. Norton & Company.

河合隼雄、河合俊雄（編）(2010).〈心理療法〉コレクションV：ユング心理学と仏教　岩波書店

河合隼雄 (2013). 母性社会日本の病理 Kindle版　講談社

Lyotard, Jean-Francois. (1984). *The Postmodern Condition: A Report on Knowledge,* trans. G. Bennington and B. Massumi, Manchester: Manchester University Press.

村上春樹 (2020). 1Q84　BOOK3〈10月-12月〉後編　Kindle版　新潮社

Nisbett, R. (2003). *The geography of thought: How Asians and Westerners think differently*… *and why*. New York: Free Press.

スイッチインタビュー：養老孟司×太刀川英輔EP1　NHK、2022-11-07.

高村光太郎　道程　https://www.aozora.gr.jp/cards/001168/files/59185_75168.html（参照2023-03-20).

天声人語。朝日新聞。2023-01-15, 朝刊

Tolkien, J. R. R. (2002). The Hobbit or There and Back Again, Boston: Clarion Books

T. S. Eliot's Little Gidding. http://www.columbia.edu/itc/history/winter/w3206/edit/tseliotlittlegidding.html（参照2023-03-20).

上野千鶴子ブーム　中国女性の今　朝日新聞、2023-03-07. 朝刊

渡辺あや (2023). エルピス——希望、あるいは災い　河出書房新社

山根久美子（やまね　くみこ）
東京生まれ。臨床心理士、公認心理師。ユング派分析家。慶應義塾大学卒、および同大学院修了。Ph. D.（University of Essex, 臨床心理学・分析心理学）。目白ユング派心理療法室Libra主宰。人生のほぼ３分の１を主にヨーロッパで過ごし、幼少期より「自分とは何者か」という問いに直面せざるを得なかったことから、さまざまな国・地域の文化やその比較に関心がある。関心のある分野は、ユング心理学における対立概念と日本文化、多様性、女性。

自分《じぶん》を再生《さいせい》させるためのユング心理学入門《しんりがくにゅうもん》

2023年６月１日　初版発行
2023年９月20日　第２刷発行

著　者　山根久美子 ©K.Yamane 2023
発行者　杉本淳一

発行所　株式会社 日本実業出版社　東京都新宿区市谷本村町３−29 〒162-0845
編集部　☎03-3268-5651
営業部　☎03-3268-5161　振　替　00170-1-25349
https://www.njg.co.jp/

印刷／理想社　　製本／若林製本

ISBN 978-4-534-06019-8　Printed in JAPAN

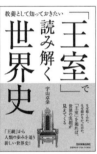

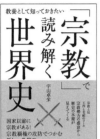